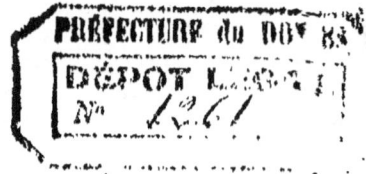
Alban SCHWÉRER

Mes Origines

BESANÇON

IMPRIMERIE DE L'EST

1912

MES ORIGINES

Alban SCHWÉRER

Mes Origines

BESANÇON

IMPRIMERIE DE L'EST

1912

Abréviations

A. D. G.   Archives départementales de la Gironde.
A. D. L. et G.   Archives départementales de Lot-et-Garonne.
A. M.   Archives municipales.
B.   Bibliothèque.
B. N.   Bibliothèque Nationale.
B. N. M. F.   Bibliothèque Nationale, Manuscrits français.
B. N. C.   Bibliothèque Nationale, dépôt des cartes.
C^{on} Communication.
C. M.   Conseil municipal.
E. C.   Etat civil.
E. S.   Lettre E. Supplément.
P.   Page.
T.   Tome.
Vol.   Volume.

AVANT-PROPOS

La route départementale de Sainte-Foy-la-Grande à Saint-Macaire, suit d'abord de très près la rive gauche de la Dordogne, pour s'en écarter à partir du pont de la Beauze dans la direction du sud-ouest. A une dizaine de kilomètres de la vieille cité huguenote, un chemin vicinal serpentant à droite dans la direction du nord, conduit en quelques minutes à Caplong, petite commune de moins de 400 habitants.

Posons, en ce point, un jalon sur la carte placée sous nos yeux, puis dirigeons-nous en ligne droite vers le sud, jusqu'à Monségur, un des sommets de la vallée du Dropt, rive gauche ; plantons-y un deuxième jalon, et, en remontant toujours le cours de cette petite rivière aux eaux limoneuses, paisiblement endormie sous les saules, les peupliers et les vernes, piquons-en un troisième à Duras, un quatrième à Allemans-du-Dropt et un cinquième à Eymet, bourgs distants de 15 à 10 kilomètres les uns des autres.

Maintenant, faisons face au nord, et traçons sur la carte une ligne droite jusqu'à Thénac, où nous en enfoncerons un sixième. Pour parvenir à ce point, nous traversons le Dropt sur le vieux pont d'Eymet, que l'on aperçoit devant soi, en prenant, à gauche de la rue de Langin, « l'Emban » qui y conduit, et qui limite au sud la place de cette petite cité. Nous nous trouvons ainsi *sur la route départementale d'Eymet à Sainte-Foy, et dans la direction de l'ouest. Laissons Puyguilhem derrière nous ; prenons le premier chemin communal s'ouvrant à droite, un peu avant le hameau des Brisseaux, au point précis appelé « queue de chien » et gravissons-en deux kilomètres environ, nous serons au sommet du plateau couronné par le bourg de Thénac, commune périgourdine, de moins de 300 habitants.*

De ce dernier jalon, tirons une autre ligne droite sur les coteaux jusqu'à Caplong, notre point de départ. Ces six jalons reliés sur la carte, forment un hexagone irrégulier, dont la longueur des côtés varie de 17 à 10 kilomètres à vol d'oiseau.

Eh bien ! nous venons tout simplement de délimiter une partie de la plus riche et de la plus jolie contrée de notre beau pays de France. Stendhal dit quelque part : « La vallée de la Garonne, de Marmande à Agen, est » d'une merveilleuse richesse, et rappelle les plus belles » et les plus fertiles plaines de la Lombardie ».

Il n'eut pas autrement dépeint la région que nous venons de circonscrire, longeant elle-même la plaine dont il parle.

Cet hexagone s'étend presque entièrement dans la vallée du Dropt ; à l'exception d'Eymet et de Thénac, il dépend de l'ancien Agenais, qui comprenait non seulement la majeure partie du territoire, arrosé par ce petit cours d'eau, devenu navigable grâce à Lakanal, mais encore une petite fraction de la vallée de la Dordogne, rive gauche, englobant Sainte-Foy et ses alentours.

Si nous voulons embrasser l'étendue dans laquelle sont nés, ont vécu et se sont éteints tous ceux dont nous descendons, mon frère et moi, à l'exception de notre grand-père paternel et de notre aïeul maternel, venus au monde ailleurs, nous la trouvons largement assise dans le quadrilatère formé au nord par la Dordogne, de Bergerac à Saint-Avit, près de Sainte-Foy-la-Grande ; au midi par le Dropt, de Monségur à Eymet ; au levant par la route nationale de Paris en Espagne, entre Marmande et Bergerac ; et au couchant par les chemins de grande communication qui conduisent de Saint-Avit à Monségur, en passant par Pellegrue.

La révolution partagea ce coin de terre entre trois départements. Depuis lors, seulement, Caplong et Monségur, suivirent le sort de Sainte-Foy rattachée à la Gironde ; Eymet et Thénac restèrent dans la Dordogne, et tout le surplus composa la partie nord-ouest du Lot-et-Garonne.

Nous trouvons donc dans cet espace de quelques kilomètres carrés, le point de jonction de ces trois départements, composant jadis, l'ouest de l'ancienne Guyenne proprement dite : la Basse-Guyenne. En réalité, c'est principalement de la vallée du Dropt qu'il s'agit. Caplong dans celle plus secondaire du ruisseau de la Soulège n'est pas éloignée de la ligne de partage des eaux ; et Thénac à cheval sur cette ligne qui sépare le versant de la Dordogne de l'immense plaine de la Garonne, déverse les siennes dans la minuscule et étroite vallée des Seignats. Le ou la Soulège prend sa source dans la forêt de Landerrouat à moins de 5 kilomètres à vol d'oiseau de Caplong, et les Seignats non loin de Puyguilhem. Ces deux ruisseaux de très faible parcours, grossis de tout petits ruisselets, se jettent dans la Dordogne. Ils n'arrosent pas la vingtième partie du quadrilatère dont nous venons de tracer les limites. Les vieux châteaux ruinés, les moulins à vent d'autrefois, *indiquent suffisamment sur les hauteurs la ligne de partage des eaux. Elle est très sinueuse, la nature, en cet endroit, s'étant plu à lui imprimer les courbes capricieuses suggérées par sa fantaisie. Leur direction générale va de l'est à l'ouest par Puyguilhem, Loubès-Bernac, le château de Théobon, le moulin de Goulard, la ligne de coteaux courant de Villeneuve de Duras à Landerrouat, le moulin de ce nom et plus loin le moulin de la Forêt, &...*

C'est un pays gracieusement accidenté, coupé de nombreuses petites collines et de jolis coteaux en pentes douces, couverts d'arbres fruitiers de toute espèce. Il comprend une vallée supérieure : celle de la Dordogne ; une vallée moyenne ; celle du Dropt, et une des plus belles et des plus fertiles parties de la plaine de la Garonne dans laquelle se jettent ces deux rivières. Riche et splendide contrée; en mai : immense tapis de fleurs et de verdure ; en septembre : jardin couvert de toutes sortes de fruits.

De sa source à son embouchure, les deux rives du Dropt ne sont que prairies parsemées de peupliers d'Italie ; de saules au feuillage d'argent et de carolins altiers aux frissons perpétuels, dans lesquelles paissent d'août à novembre et souvent plus tard, d'innombrables troupeaux de ce magnifique bétail garonnais, à la robe couleur de blé mûr, aux formes robustes et gracieuses qui charment les yeux autant que leur chair succulente flatte le goût.

Pays privilégié entre tous, fournissant à profusion les produits les plus variés et les meilleurs du sol : vins dits de Bordeaux, renommés à juste titre dans le monde entier ; fruits et légumes délicieux ; céréales qui ont fait la réputation des minoteries de la ré-

gion : tout est là dans ce coin de terre fortunée ; tout, depuis les fruits du nord, tels la pomme et la poire, jusqu'à ceux de l'Asie comme la pêche et ses dérivés ; et la prune et la figue. Tous les grains, tous les produits les plus renommés de la basse-cour ; toutes les viandes les plus recherchées par la boucherie; tout : même le tabac.

Ses habitants n'apprécient pas comme il convient l'immense faveur dont les gratifia la nature, en les faisant naître dans cette contrée. Lorsqu'on parcourt le reste de la France, et même les pays étrangers, et qu'on les compare à cette magnifique et plantureuse vallée du Dropt, une conclusion jaillit dans la pensée et la voici : Fous, trois fois fous, sont ceux-là qui l'abandonnent, espérant mieux vivre ailleurs.

Demain, un demi-siècle pèsera sur ma tête depuis que je l'ai quittée, et plus je la considère avec les yeux de l'expérience, plus je l'analyse avec le jugement de l'homme mûr, plus j'ai besoin de me rappeler que j'étais un enfant quand je lui dis adieu.

C'est dans cette espèce de paradis terrestre, et principalement dans les six bourgs précités, que, pendant plus de quatre siècles consécutifs, ont vécu et dorment leur dernier sommeil tous les membres de la famille dont je suis issu.

Tous y sont nés à l'exception de deux seulement, ainsi que je l'ai indiqué plus haut.

En entreprenant ce travail, je me suis imposé le devoir de ne pas borner mes recherches à une branche seulement, c'est-à-dire à poursuivre la satisfaction d'un futile amour-propre, en appuyant sur des particularités et des détails capables de rehausser mes origines. Non, mais au contraire d'aller et de remonter aussi loin dans toutes les branches que les documents me le permettraient.

Je ne me suis arrêté dans chaque ligne et dans chaque branche, que lorsque l'absence de pièces m'empêchait d'aller plus loin. Les nombreuses sources où j'ai puisé ne suffisant pas selon moi à cette besogne je ne m'en suis pas tenu là. Il m'a paru indispensable d'évoquer les traditions de famille, de recourir aux circonstances particulières de lieux et de résidences ; d'examiner les noms, les mœurs et les habitudes ; de passer le tout au crible de la critique et d'asseoir mes conclusions sur les déductions logiques du raisonnement le plus serré et le plus sévère que je puisse posséder.

Souvent de nombreuses lacunes arrêtaient mes laborieuses recherches ; il importait cependant de les combler, avant d'aller plus loin, ou de me diriger dans une autre voie. Des similitudes de noms, des erreurs de date, des inexactitudes dans les âges consignés sur les documents, m'ont laissé parfois très hésitant et très perplexe. Combien de fois ai-je désespéré d'aboutir à un résultat satisfaisant, en présence de registres irrégulièrement tenus, incomplets, où les traces d'interpolation sont évidentes ; où le rédacteur omet trop souvent le nom même de celui dont il relate la naissance ou le décès ; en présence surtout de déclarations semblables à celle-ci, relevée sur les registres de la paroisse des Lèves (1).
« Prez de 5 moys je feus malade et les actes faits » pendant ce tems-là on esté negligez et perdus » écrite par le curé Durand sur le registre de 1706.

Après quatre années d'un travail opiniâtre, je crois avoir cependant réussi à établir une généalogie dont il me paraît difficile de combattre avec succès l'exactitude.

(1) Aujourd'hui commune de Lèves et Thoumeyragues, canton de Sainte-Foy-la-Grande.

*Pour y parvenir, et en dehors des archives départe-
mentales et communales, de celles des officiers minis-
tériels, et même d'archives privées dont j'ai pu avoir
communication, l'histoire de cette contrée pendant les
quatre derniers siècles a fait l'objet d'une étude spéciale.
Les multiples péripéties des guerres de religion qui ont
ensanglanté cette belle province, principalement aux
époques de persécution religieuse, retinrent longuement
mon attention, ainsi que la conquête de la couronne de
France par Henri IV et la révocation de l'édit de Nantes,
en passant par les égorgements, les pendaisons et les
fusillades du terrible Montluc. Ce programme m'a
conduit du règne de Henri II à la Saint-Barthélemy ;
de cet abominable massacre à la bataille de Coutras en
1587 ; de ce fait d'armes à la toute-puissance de Madame
de Maintenon qui fit révoquer l'édit de Nantes ; et de
cette époque aussi néfaste pour l'Agenais que pour la
France tout entière à la réunion des états généraux de
1789. Enfin, en parcourant ces ouvrages, j'ai noté avec
soin, l'évolution des mœurs et des habitudes. Il le
fallait bien quand les documents précis faisaient défaut.*

*Voilà, pensera-t-on sans doute, beaucoup de travail
pour une mince affaire ; beaucoup de peines pour rien.
C'est possible, mais je n'en rougis point, car ce labeur
ne fut pas entrepris pour en imposer, mais pour m'ins-
truire, satisfaire une curiosité bien légitime à mes yeux,
et me procurer le plaisir intime d'avoir trouvé la vérité
sur mes origines.*

*Emile Montaud m'a signalé un passage très inté-
ressant de Montaigne qui fut pour moi un trait de
lumière. Parfois — souvent même avouons-le — la plus
légère coïncidence, un rapprochement inopiné, un détail*

sans intérêt apparent, mais retenu, ont éclairé ma route en me procurant une certitude.

Ce travail est divisé en trois parties. La première concerne les deux branches de ma ligne paternelle ; la seconde celles de ma ligne maternelle. Enfin, dans la troisième j'examine rapidement la condition sociale de ceux dont nous descendons mon frère et moi ; où, comment et dans quels milieux ils ont vécu ; en un mot comment a évolué la famille jusqu'à nos jours.

PREMIÈRE PARTIE

Ligne paternelle

CHAPITRE Ier

Branche Paternelle

Dans cette ligne, la branche paternelle est venue des confins septentrionaux de la Suisse, former en se greffant sur l'arbre qui depuis plus de quatre cents ans, étendait ses rameaux dans la vallée du Dropt, une des deux racines principales de la nouvelle souche qui allait surgir.

Antoine Schwérer et Gertrude Wherterin se marièrent dans l'église d'Eisembach aux environs de l'année 1789. Vers 1791 il leur naquit un fils : Antoine Schwérer, mon grand-père.

Celui-ci épousa le 13 juillet 1824, à l'âge de 33 ans, dit l'acte de l'état civil, inscrit sur les registres de la commune de Thénac, canton du Sigoulès, département de la Dordogne, Françoise Mestre, plus connue sous son prénom de famille Josèphe. De ce mariage naquit le 18 février 1826, un fils unique : Pierre, notre père.

A quelle nationalité appartenait donc réellement notre grand-père paternel? Actuellement Eisembach est une commune de 700 âmes, près de Neustadt, cercle de Fribourg en Brisgau, dans le grand-duché de Bade, à deux pas de la frontière nord de la Suisse.

Les affirmations relatives à son lieu de naissance, au pays dont il dépend et aux décès de ses père et mère ne sont pas tirées de l'état civil. Elles sont empruntées, disent son acte et son contrat de mariage, d'un procès-verbal d'enquête dressé par le juge de paix du canton Nord de Limoges, le 2 février 1824. Ce procès-verbal est perdu ; aucune trace n'en subsiste dans les archives de la commune de Thénac, pas plus que dans celles du greffe du tribunal de l'arrondissement (Bergerac).

D'autre part, je vois encore dans mes souvenirs, très précis sur ce point, l'enseigne peinte en noir, sur les volets gris de la devanture de notre vieille maison (1) d'Eymet côté de « l'Emban », c'est-à-dire des arcades « *Schwérer orologer dit le Suisse* ». Evidemment, ce libellé fut dicté au peintre responsable de l'orthographe par mon grand-père, qui, mieux que personne, connaissait sa nationalité. Il était donc Suisse, de la Suisse allemande, car s'il possédait assez sa propre langue pour l'écrire correctement, il ne parlait que l'alsacien, sa langue maternelle, quand, échappant aux armées alliées dans lesquelles on l'avait incorporé par force, disait-il, et malgré ses protestations, en 1815 ou 1816, il se sauva dans

(1) Cette maison n'existe plus dans sa forme primitive, reconstruite en 1864, la partie formant l'arcade fut expropriée et démolie.

l'intérieur de la France. J'opte pour l'année 1816, elle correspond avec le procès-verbal. On disait, en effet, couramment chez nous, qu'il était orphelin, lorsqu'il vint en France. Son acte de mariage, nous apprend que sa mère mourut en 1814 et son père en 1816. Ces renseignements émanent sans doute de lui ; c'est de sa bouche que les recueillit le juge de paix de Limoges. Assurément, celui-ci ne correspondit pas avec la municipalité d'Eisembach, il se borna à transcrire les renseignements que lui donna le parent chez lequel mon grand-père avait résidé ; et ce parent ne reproduisait que ce que celui-ci lui avait raconté. Du reste l'acte de mariage ne mentionne pas la source où ce magistrat puisa ses informations.

Voici, sur sa nationalité, des indications précises corroborant les énonciations de l'enseigne plus haut reproduite. C'est, d'abord, une carte de la Suisse, éditée à Londres en 1792, et intitulée « *Nouvelle carte de la Suisse* » dans laquelle sont exactement désignés, — et distingués, — les 13 cantons, leurs alliés et leurs sujets (1), on y lit ceci :

« Les Pays *Sujets Suisse* sont : La Turgovie ; le comté
» de Sargans et les provinces libres qui dépendent des
» cantons de Zurich, Berne, Lucerne, Ury, Schwitz,
» Underwald, Zug et Glaris ; ainsi que le Rheinthal qui
» a de plus pour co-seigneur le comte d'Apenzell, et
» les bailliages de Gambs et d'Ulznach, avec celui de
» Gaster qui appartiennent à Schwitz et Glaris.
» *Le comté de Baden*, ainsi que Mellinguen et
» Raperswill et Bremgarten qui sont à Berne, à Zurich
» et en partie aux Glaris.

(1) B. N. M. Dépôt des cartes C 18.556. GG.

» Le bailliage de Verdenberg qui appartient à
» Glaris protestant, et le bailliage de Sox qui appar-
» tient à Zurich.

» Les bailliages de Morus-Granson et de Schwartzem-
» bourg qui appartiennent à tous les cantons excepté
» à Glaris ».

Ce document précis trouve sa confirmation dans le
grand dictionnaire de Larrousse à l'article Grand-
Duché de Bade (1) : « Au moment de la Révolution
» française (y lit-on) le marquisat de Bade n'embras-
» sait que 3.500 kilomètres carrés avec 190.000 habi-
» tants ; les cercles actuels de Bade et de Carlsrhue,
» avec une *petite partie* de ceux de Fribourg, de
» Lorach et d'Offembourg, c'est-à-dire *le centre* du
» Duché actuel, déduction faite de nombreuses en-
» claves et des possessions des évêchés de Strasbourg
» et de Spire. Le nord était occupé par le Palatinat.
» Le sud par l'Autriche (Ortenau et Brisgau) et la
» principauté de Furstemberg (Haut Danube).»

Donc il était suisse, étant né en 1791, et l'on s'ex-
plique fort bien ses protestations et sa résolution
de s'évader de l'armée des Alliés. La tradition nous
rapporte aussi, dans quelles circonstances assez
originales, il vint en France. C'était à l'époque de
l'occupation du territoire par les vainqueurs de
Waterloo (2) ; il avait alors 25 ans. Versé dans le train
des équipages, en sa qualité de cavalier, il franchit le
Rhin à Kiel ou aux environs, monté sur un des deux
mulets qu'il avait à sa disposition — ou qu'il prit au
camp. — Il aurait même essuyé le coup de feu d'une

(1) T. IV, p. 1128, 2ᵉ col.
(2) Elle dura jusqu'en 1818.

sentinelle, au moment où, arrivé sur la rive gauche du fleuve, il se sauvait au galop de ses montures, échappant ainsi à toute poursuite. Son plan consistait à atteindre Limoges, où il avait un parent. Il y réussit sans être inquiété. La vente de ses deux mulets qu'il effectua sans scrupule, lui en fournit les moyens pécuniaires.

Employé pendant un certain temps par ce parent horloger comme lui, et fatigué de rester dans cette maison où il se croyait exploité, il la quitta dès qu'il eut complété suffisamment ses connaissances de la langue française pour comprendre et être compris.

Il dut descendre du Limousin, dans les plaines de la Dordogne, en suivant la vallée d'un des trois principaux cours d'eau qui se jettent dans cette rivière (1).

Quoi qu'il en soit, il ne voulut pas combattre contre la France, dont il faisait sa patrie d'adoption, c'est certain, c'est pourquoi il franchit le Rhin aux environs de Strasbourg. Voilà comment, cette racine de l'arbre familial, s'achemine, mystérieuse, vers le tronc auquel elle s'unira pour former avec lui la nouvelle branche représentée par mon frère et par moi.

(1) L'Isle sans doute affluent de la Dordogne où elle se jette au Nord-Est du département de la Gironde.

CHAPITRE II

Branche Maternelle

Si à cause de l'absence de documents (1), la branche paternelle de cette ligne ne remonte pas plus haut, et reste très simple, celle-ci par contre est assez compliquée et va beaucoup plus loin. Ses premières traces semblent d'abord remonter à 1604. Elles dorment dans les archives du département de Lot-et-Garonne dossiers B 622 et 647, désignés au catalogue sous cette rubrique « Présidial : causes civiles, sentences en » première instance et sur appels des justices infé- » rieures de Prayssas, Blanquefort, Lauzun Saint- » Barthélemy *Allemans* (2) ». On y découvre, en les parcourant, une origine antérieure et des faits curieux.

Etablissons-en d'abord la généalogie, nous la discuterons ensuite.

Vers 1495, naissait à Luns, diocèse de Périgueux, *Hervé de Luns*, écuyer. Le nom de ses père et mère ne se retrouve plus, et la date de sa naissance ci-dessus donnée, comme probable, résulte de la comparaison de plusieurs faits et documents relatés plus loin. Aux environs de 1525, il épousa Anne Dupuy ou Du Puy.

(1) Les recherches tentées à Eisembach n'ont pas abouti.
(2) Voir pièces justificatives Nos 1 et 2.

L'époque de la naissance de celle-ci, ainsi que les noms de ses père et mère restent également ignorés.

Cinq enfants au moins, naquirent de cette union ; trois garçons : Françoys, Jehan et Bertrand ; et deux filles : Anne et Phelippe. Anne paraît être la plus jeune (1) de tous. Elle se maria vers 1562, avec Gaston de Béraud, sieur de La Serpent (2) et en eut six enfants. Ce nombre résulte implicitement du jugement de 1604 dont nous allons parler tout à l'heure. (Les noms de deux seulement nous sont conservés : Jehan et Ruben). Son frère, Francoys, qui paraît être l'aîné (3) avait épousé en 1564 probablement (4), et peut-être avant, Loyse de Fayolle. Encore six enfants naquirent de cette union ; trois garçons et trois filles ; celles-ci semblent être les aînées ; on les nommait Phelippe, Isabeau et Suzanne. Des trois garçons : Jehan, Pierre et Jacques les deux derniers étaient encore mineurs en 1607.

A cette époque, et déjà même avant 1604, Phelippe s'appelait Mme Geoffroy de Lajonye sieur de la Guorce (4 *bis*).

Françoys leur père, mourut fin décembre 1592 ou au commencement de 1593.

Ces renseignements sont puisés dans un autre

(1) 1539.
(2) La Serpent ou Serpent est encore un hameau de la commune de la Sauvetat-du-Dropt.
(3) 1530.
(4) Nous disons *probablement* à propos de cette date, parce que si son contrat de mariage est bien du 12 avril 1564, il pourrait selon l'usage admis en ce temps-là être postérieur au mariage lui-même.
(4 *bis*) Le château de la Gorce existe encore dans la commune de Soumensac.

jugement sur lequel nous allons avoir l'occasion de revenir.

De Jehan écuyer, *seigneur de Graveron*, ou de son frère Pierre, écuyer comme lui et comme lui fils de Françoys, nous connaissons deux descendants immédiats : Pierre et Simon. Pierre n'eut vraisemblablement que deux rejetons : Anne et Simon morts sans postérité ; le nom de leur mère reste inconnu, aucun document ne le révèle. Simon, écuyer, sieur de Barbot (1), frère de Pierre épousa aux environs de 1640, D^elle Geneviève Lambert (2), dont il eut trois enfants : Marie (3), Pierre (4) et Daniel (5). Il mourut à Caplong le 14 septembre 1691 à l'âge de 78 ans. Daniel naquit le 12 septembre 1656 et fut baptisé dans l'église de Sainte-Foy le 19. Aucun document ne nous fixe sur la date de la naissance de son frère et de sa sœur.

Marie épousa Pierre de La Rivière (6) le 20 novembre 1679, dans l'église Notre-Dame de Sainte-Foy. Elle en eut au moins un enfant mâle dont le nom reste également inconnu, mais dont l'existence est prouvée par la naissance d'une fille : Marguerite de La Rivière (7).

Pierre de Luns, frère de Marie, épousa Suzanne de Foussa vers 1680 (8). Deux filles naquirent de ce

(1) A. M. Sainte-Foy, GG 8.
(2) A. D. G. E. S. 5.271. GG 3.
(3) E. C. Caplong GG 7.
(4) A. D. G. 5.271 GG 3.
(5) A. de M. de Cartier commune de Ligneux.
(6) A. D. G. E. S. 5.688 GG 69 *ter*.
(7) E. C. Savignac de Duras, 1751.
(8) A. D. G. E. S. 5.271 GG 3.

mariage : Marie (1) et Suzanne (2). Marie ne laisse aucune trace. Suzanne se maria vers 1716 avec *Etienne Mestre* bourgeois (3). Ils eurent quatre rejetons : — Pierre, l'aîné vers 1718 (4), mourut à Thénac sieur de Caufour, le 25 frimaire an XII. Suzanne, qui devint Mme Etienne Vallet de Cabeauze (5). Marie, mariée en l'église de Caplong, le 27 novembre 1744, à un bourgeois de Duras nommé Gros (6) ; et enfin *Jean*, né à Caplong le 15 septembre 1720 (7). Celui-ci épousa à Monségur le 16 février 1751 (8) D^elle Louise Bourgoing née en cette paroisse le 24 août 1726 (9). Elle était fille de Guillaume et de Marguerite de Lauvissière. Union fertile entre toutes, celle-là. Il en survint sept enfants, et peut-être davantage. Nous n'en avons retrouvé que sept. Le troisième, Pierre, naquit à Landerrouat vers 1753 (10). Tous les autres virent le jour à Savignac-de-Duras ; savoir : Louise-Marguerite, le 14 septembre 1751 (11) ; Guillaume le 29 septembre 1752 (12) ; Geneviève, le 28 mars 1755 (13) ; autre Pierre le 22 mars 1759, porté le lendemain à Landerrouat pour y être baptisé (14) ; Marie, le 25 novembre 1760 (15). Et enfin, 9 ans après, et le 21 mars 1769 Catherine (16), qui épousa le

(1) *Ibidem.*
(2) E. C. Caplong, GG 5 et 7.
(3) E. C. Caplong GG. 5 et 7.
(4) *Ibid.* et Etude Peyré notaire à Sainte-Foy, acte de 1742, et A. D. G. 5.216. GG. 53.
(5) A. D. G. — E. S. 5.180 GG 17.
(6) E. C. Caplong GG 7.
(7) *Ibid.* GG 5.
(8-9) E. C. Monségur.
(10) E. C. Eymet.
(11-12-13-14-15-16) E. C. Savignac de Duras.

29 pluviôse an III, un sieur Geneste de La Sauvetat du Dropt (1).

Nous avons dit plus haut : *probablement* plus de 7 enfants naquirent de ce mariage, parce qu'en examinant les naissances antérieures à celle de Catherine, venues presque d'année en année, on est surpris de voir s'écouler neuf ans sans qu'il en surgisse de nouvelles. Remarquons qu'en 1769, le père avait 49 ans, la mère 43, et que la fécondité de ce mariage suspendue à partir de l'âge de 34 ans pour la femme, reprit à 43 et fit avec succès un suprême et dernier effort.

Pierre Mestre, appelé en famille *Deluns*, devenu plus tard Mestre de Lamothe, Mestre Lamothe, épousa en premières noces à Saint-Sernin-de-Duras, croyons-nous, D^{elle} Marie Castaing de la Grâce vers 1782 (2). Six enfants, nombre fatidique, leur durent l'existence ; les trois premiers à Caplong qui sont : Guillaume, l'aîné ; il y mourut le 14 novembre 1785 (3) autre Guillaume et Pierre, jumeaux, ne vécurent pas et furent ensevelis tous deux le même jour 8 novembre 1784 (4).

Deux autres à Duras ; ce sont :

Pierre, le 1er juin 1786, surnommé en famille *Deluns* ; il devenait l'aîné, et on lui donnait ce prénom, pour faire revivre sans doute celui de la famille *de Luns*, disparu avec son arrière grand-père (5).

Et Jean, né le 4 juillet 1787 (6).

(1) Etude Bompard à Allemans-du-Dropt.
(2-3) Elle porte ce nom dans l'acte de décès de son fils Guillaume E. C. Caplong 1785. La Grace est encore un hameau de la commune de Saint-Sernin.
(4) E. C. Caplong.
(5-6) E. C. Duras.

Félicité, la dernière surnommée la Cité, naquit probablement à Saint-Sernin en 1789 (1).

Un seul se maria. Jean et Félicité moururent célibataires à Allemans-du-Dropt ; le premier le 2 janvier 1856 et la seconde le 11 septembre 1839.

Pierre Mestre surnommé *Deluns*, épousa à Allemans le 29 avril 1816 Jeanne Cheyron (2), fille issue du premier mariage de sa belle-mère Jeanne Villatte, avec Jean-Baptiste Cheyron juge de paix à Seyches, et mourut à Allemans le 11 mars 1852 (3). Il eut quatre enfants : deux garçons et deux filles, tous mis au monde à Allemans ; c'étaient :

Pierre l'aîné, en famille Eugène, le 25 septembre 1816 (4).

Jean, né le 6 septembre 1817 ne vécut que onze jours (5).

Jeanne, le 15 février 1819 (6).

Enfin, autre Jeanne, appelée en famille Ada le 13 juin 1829 (7).

Pierre, l'aîné, surnommé Eugène, laissa un fils Gabriel, qui vit encore.

Jeanne première du nom, appelée en famille Eugénie, épousa à Allemans-du-Dropt en 1842, Jean Montaud (8), dont elle eut trois enfants nés aussi à Allemans qui étaient :

Françoise, en famille Inès, le 19 août 1843 (9), y décéda célibataire le 13 juin 1894 (10).

Pierre, auquel on donna en famille le prénom de *Deluns* le 8 juin 1845 (11), décéda célibataire, ancien député, ancien ministre, le 8 novembre 1907 (12), à Paris.

(1-2-3-4-5-6-7-8-9-10-11) E. C. d'Alleman-du-Dropt.
(12) E. C. du 6me arrondissement de Paris.

Autre Pierre, appelé en famille Emile, né le 24 février 1850 (1), décédé sans postérité à Allemans le 20 septembre 1911 (2).

Telle est la lignée du premier mariage de *Pierre Deluns Mestre.*

Il convola en secondes noces à Allemans-du-Dropt le 5 nivôse an II, avec Jeanne Villatte déjà nommée, veuve elle-même ayant deux enfants de Jean-Baptiste Cheyron (3). Aux six enfants du premier lit il en ajouta cinq du second, tous nés à Allemans. Les voici : 1º Marguerite le 3 frimaire 1793, décéda sept jours après à Duras où elle avait été mise en nourrice (4). 2º Jeanne le 24 nivôse an III (5). 3º autre Jeanne le 12 ventôse an V (6). 4º Pierre, dit Régie, le 29 pluviôse an VII (7). 5º Enfin Françoise, en famille *Josèphe,* le 24 nivose an IX (8).

Jeanne première du nom épousa en 1820, Jean-Baptiste Got, capitaine en retraite (9) en eut un fils Pierre Numa, né à Allemans, le 4 septembre 1822 (10), qui y mourut célibataire le 4 octobre 1840 (11). Son père ne lui survécut que deux mois ; il succombait le 2 décembre suivant (12), Mme Got veuve, mourut à Allemans le 24 juin 1849 (13).

Pierre dit Régie son frère, contracta mariage à Sainte-Eulalie d'Eymet, ou aux environs. Il y mourut sur sa propriété du Bois d'Avant vers 1865, laissant deux enfants ; une fille devenue épouse d'un propriétaire de Soumensac, M. Augère; et un fils Léonce, resté au foyer paternel au Bois d'Avant.

L'une et l'autre ont laissé des descendants qui vivent encore.

(1 à 13) E. C. d'Allemans du Dropt.

Jeanne, seconde du nom, mourut jeune sans doute. Aucune trace de son mariage ni de son décès n'existe à Allemans. Elle succomba probablement en nourrice, dans une commune voisine.

Vers 1820, les père et mère de Josèphe vinrent habiter à Thénac où ils possédaient des biens par héritage. Le 9 janvier 1824, ils vendaient à Pierre Deluns Mestre, enfant du premier lit, la maison d'Allemans (1). C'est à Thénac et en juillet de la même année que *Françoise-Josèphe Mestre-Lamothe* épousait *Antoine Schwérer* (2). Elle en eut un fils Pierre, né à Thénac, le 18 février 1826, qui fut notre père (3). Elle mourut à Eymet le 11 avril 1839 (4).

En résumé :

Du mariage d'Hervé de Luns, vers 1525, avec Anne Dupuy naquit vers 1530, Françoys, qui épousa (1564) Loyse de Fayolle (5). Ce mariage donna le jour à Pierre de Luns, marié avant 1613. Entr'autres

(1) Etude Bompard, notaire à Allemans-du-Dropt. Vente du 9 janvier 1824.

(2-3) E. C. Thénac.

(4) E. C. Eymet.

(5) Le 22 septembre 1541, Antoine d'Estats ou d'Escars, juge au bailliage de Saint-Astier, comme procureur de François de Fayolle, rend foy et hommage au roy de Navarre pour la maison et forteresse de La Fayolle, paroisse de Sainte-Marie-des-Parduts, juridiction de Saint-Astier en Périgord. Pareil hommage est rendu le 9 mars 1583 par Philippe de Fayolle écuyer pour la même maison et forteresse. *B. N. M. Cabinet des titres* nᵒˢ 32. 528 p. 19 et 485. Cette paroisse n'existe plus. Le Dictionnaire topographique de la France, Dép. de la Dordogne p. 284, indique qu'elle dépendait du prieuré de Saint-Astier, arrondissement de Périgueux *B. N. casier* 0, nᵒ 49. Aujourd'hui c'est une ancien lieu de pèlerinage situé dans la commune de Tocane-Saint-Apre,

descendants, celui-ci eut (1616) Pierre de Luns, écuyer qui se maria vers 1646, et eut lui-même un fils (1650), appelé Pierre comme son père. Ce dernier, écuyer, marié vers 1680 à D^{elle} Jeanne de Foussa, donne le jour (1686) à *Suzanne de Luns* qui épousa (1716) *Etienne Mestre* bourgeois.

Leur fils *Jean*, né en 1720, s'unit à Damoiselle Louise Bourgoing en 1751, et en eut également un fils nommé Pierre, qu'on surnomma en famille Deluns, né en 1753. *Pierre Deluns Mestre* épouse en premières noces Marie Castaing de la Grace, vers 1782 ; et en deuxièmes noces, Jeanne Villatte, veuve Cheyron, le 5 février an II.

De son premier mariage naît à Duras en 1786, Pierre Mestre auquel on donne en famille le prénom de *Deluns*, et de son second mariage naît en l'an IX *Françoise Mestre*, prénommée en famille *Josèphe*.

Pierre Deluns Mestre issu du premier mariage épouse en 1816, Jeanne Cheyron (1), fille de la seconde femme de son père et en a 4 enfants :

Pierre l'aîné.

Jean-Baptiste le cadet (2).

Jeanne, surnommée en famille Eugénie (3).

Autre Jeanne, plus connue sous le prénom d'Ada (4).

Pierre, l'aîné, laisse un fils Gabriel.

Jean et Ada meurent sans postérité à Allemans, le premier âgé de 11 jours, le 18 septembre 1817 (5) et sa sœur à 77 ans, le 5 décembre 1906 (6).

---

canton de Montagrier, (Dordogne), à 30 kilomètres de Lunas. Ce lieu était le siège d'un archiprêtré qui devint au XIVe siècle celui de Chantérac. (*Commnication de M. Lavergne, archiviste du département de la Dordogne*).

(1 à 6) E. C. Allemans.

Jeanne, prénommée Eugénie, épouse Jean Montaud et c'est par là que fusionnent les familles Mestre et Montaud ; ils ont trois enfants : Inès (1), Deluns (2) et Emile (3).

Quant à Josèphe, sœur consanguine de Pierre Deluns Mestre, deuxième du nom (4), elle épouse en 1824 Antoine Schwerer. De ce mariage naît un fils, Pierre, (5), qui fut notre père (6).

———

(1 à 4) E. C. Allemans.
(5) E. C. Thénac.
(6) Voir le tableau généalogique aux annexes n° 8.

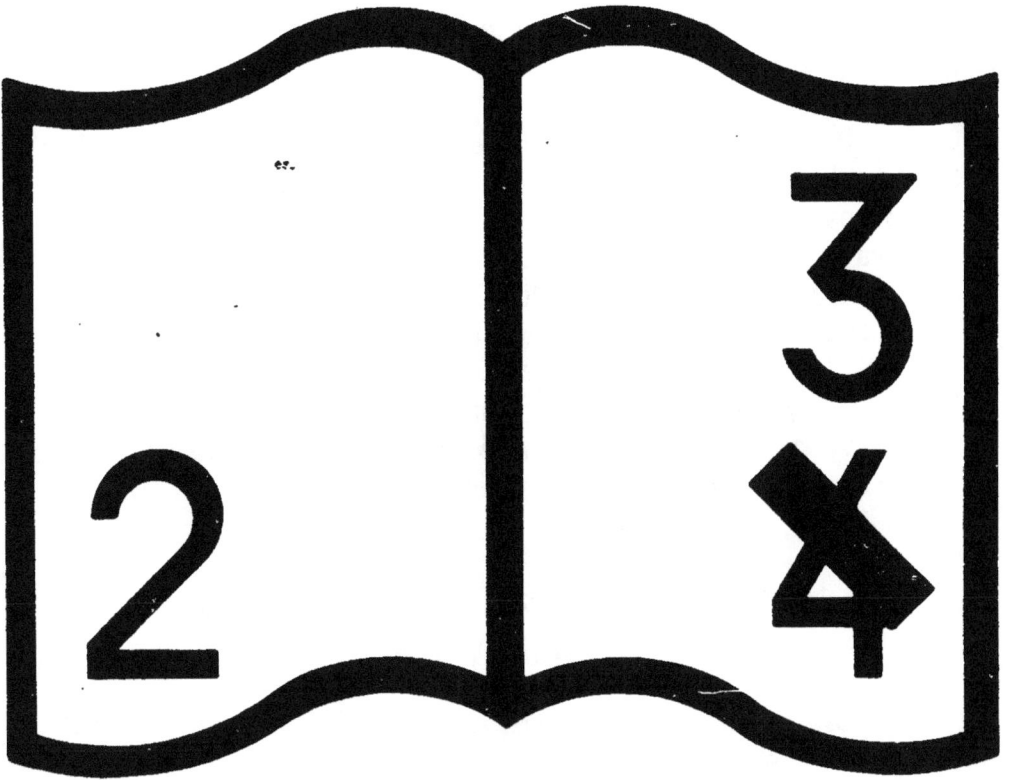

CHAPITRE III

Preuves et Sources

Justifions maintenant cette généalogie en fournissant les preuves de son exactitude et en citant nos sources.

Pour la clarté des explications qui vont suivre, celle de la famille de Luns sera divisée en deux paragraphes. Le premier en comprendra les membres depuis les auteurs communs Hervé de Luns et Anne Dupuy, jusqu'à leurs petits-enfants inclusivement. En procédant ainsi on réunit dans un même groupe tous ceux qui furent parties aux procès de 1604 et de 1607.

Le § 2, partant des enfants de Pierre de Luns, écuyer, petit-fils d'Hervé et cinquième enfant de Françoys, ira jusqu'à l'union des familles de Luns et Mestre.

§ 1er *Enfants et petits-enfants d'Hervé de Luns et de Anne Dupuy.*

Un jugement du présidial d'Agen en date du 22 mai 1604 (1), nous apprend qu'avant 1592, les consorts de Béraud, avaient intenté à leurs oncles, neveux et nièces de Luns, un procès en revendication de leurs

---

(1) A. D. L. et G. - B. 622. — Voir pièce justificative n° 1.

parts dans la succession de Phelippe de Luns, leur tante, veuve du seigneur de Graveron. Cette affaire sommeillait depuis longtemps quand le décès de Françoys de Luns, père et grand-père de tous ces plaideurs, arrivé après le 25 décembre 1592 ou au commencement de 1593, la réveilla.

En 1604, elle se continuait entre les enfants et petits-enfants de Françoys de Luns qui étaient :

1° Jehan de Luns, écuyer, seigneur de Graveron ;

2° Pierre de Luns, mineur, sous la tutelle de Françoys de Fayolle, abbé de la Seauve ;

3° Jacques de Luns, ayant pour curateur Jean de Laborde, écuyer, seigneur de Picon ;

4° Phelippe de Luns, damoiselle ;

5° Suzanne de Luns, damoiselle ;

6° Et Isabeau de Luns, damoiselle ;

tous frères et sœurs, enfants de Françoys.

7° Et enfin, Jehan et Ruben de Béraud, sieurs de La Serpent, ses petits-enfants, intervenant comme opposants à « une *interposition de décret* », tant en leurs noms, comme héritiers pour partie de feue Anne de Luns et de feu Gaston de Béraud, leurs père et mère, que comme cessionnaires des droits de leurs frères et sœurs dans les dites successions.

On y remarque encore que Phelippe de Luns a pour mari Geoffroy de Lajonye, sieur de la Gorce.

Ce jugement émane, avons-nous dit, du Présidial d'Agen, sur l'appel « d'une interposition de décret », rendue par le juge de Sainte-Foy.

Et d'abord, qu'était-ce qu'un décret ; une interposition de décret?

Un décret était une ordonnance du juge prescrivant la vente judiciaire d'un immeuble ; ou bien encore une

3

saisie comme on peut le voir en lisant le jugement. Une vente par décret, était donc une vente aux enchères publiques (1).

On appelait interposition de décret, l'acte tendant à obtenir : ou la distraction de certains biens de la saisie ; ou l'annulation de celle-ci ; ou la conservation de certains droits appartenant à des tiers (2).

Poursuivons : ce document nous apprend encore qu'un arrêt de la cour du Parlement de Paris, chambre de la Tournelle criminelle, en date du 27 septembre 1557, condamna à mort une damoiselle Phelippe de Luns. Les biens de celle-ci, confisqués au profit de la couronne, échurent, à titre de don gratuit, consacré par lettres patentes du même jour et du 5 janvier 1560 à Anne Dupuy, Françoys, Jehan et Bertrand de Luns. On y voit encore que Françoys de Luns s'était marié à Loyse de Fayolle, et que leur contrat de mariage date du 12 avril 1564 ; que feue Anne de Luns et feu Gaston de Béraud signèrent le leur le 13 avril 1601 (3). Qu'enfin Françoys de Luns fit son testament le 25 décembre 1592, et que le procès avait commencé avant puisque le premier acte de procédure mentionné dans le jugement remonte au 8 du même mois

(1) *Œuvres* d'Antoine Despeisses, T. I, p. 747 et suiv. 3 vol. in-folio, à Lyon, chez les frères Bruysset, rue Mercière, au Soleil et à la Croix d'Or, 1750, avec privilège du Roi.

(2) *Ibidem*, p. 741.

(3) Il peut paraître étrange que le contrat de mariage des époux de Béraud datant de 1601, ceux-ci puissent avoir des enfants majeurs en 1604, mais il faut savoir qu'à cette époque le contrat de mariage pouvait se faire pendant le mariage. C'était un usage constant avant la Révolution. On ne faisait généralement un contrat que quand les intérêts de la femme le réclamaient.

de décembre ; preuve qu'il n'avait pas en principe
pour objet les biens dépendant de la succession de
François de Luns, ainsi qu'on le verra plus loin.

Qu'était cette famille de Luns? .

De quels biens s'agissait-il?

Où étaient-ils situés ; et d'où provenaient-ils?

Le jugement, fut rendu sur l'appel d'une décision,
émanant du juge de Sainte-Foy, mais, en ce qui
concerne l'origine et la situation des biens objets de
la dispute, il ne faudrait pas conclure qu'ils dépendaient nécessairement tous de sa juridiction. A cette
époque, la saisie, le décret, n'appartenaient pas
exclusivement au juge de la situation des biens.
Cette opinion s'appuie sur un argument *a fortiori*. En
effet, Jacques Brillon dans son dictionnaire des arrêts
des parlements de France, T. II, page 527, nº 20
cite deux édits de 1604 et de 1614 des rois Henri IV
et Louis XIII portant, qu'en Normandie, toutes les
ventes et adjudications par décrets, d'héritages et
de biens immeubles, se feraient *désormais* devant les
juges du lieu, sans qu'ils puissent être distraits ni
évoqués.

Donc, ailleurs et même dans cette province,
jusqu'en 1604, on pouvait obtenir du juge d'une
juridiction, un décret de saisie pour des biens situés
hors de son ressort. C'est ici notre cas. Nous verrons
plus loin, en effet, que tous les biens, objets du procès,
ne se trouvaient pas aux environs de Sainte-Foy ; la
terre de Luns notamment, et j'ai la conviction qu'il
en existait à Allemans-du-Dropt.

Il faut le retenir, une fois pour toutes ; ni le domicile
des parties, ni la situation des biens ne sont men-
tionnés dans les pièces découvertes. On ne peut les

supposer qu'en se basant sur un ensemble de circonstances propres à entraîner la conviction.

Eh bien ! l'analyse d'un autre document, grâce aux
indications qu'il renferme va aider beaucoup à la
solution de ce problème. C'est un jugement du
17 novembre 1607 (1) rendu par le même Présidial
d'Agen, entre les mêmes personnes. Seul, le curateur
de Jacques de Luns a changé ; Maistre Adam Villemont procureur, remplace Jehan de Laborde, sieur
de Picon. On voit se préciser dans ce document non
seulement la parenté des parties en cause, mais
encore l'importance des biens. Et ce jugement ne
s'applique pas à une affaire simple, ce n'est pas le
couronnement d'une procédure modeste, mais bien
d'un monceau de paperasses à rebuter le plus acharné
des chicanaux. Il y en eut six sacs sans compter une
requête, accuse ce jugement. Encore, ce monument
judiciaire ne tranche-t-il qu'une partie des questions
litigieuses. Il distrait seulement de la saisie, au profit
des appelants Jehan, Pierre et Jacques de Luns déjà
nommés « la moytié de la sixiesme partie de l'héré-
» dité et biens obvenus audit Francoys de Luns
» *leur père* par le décès intestat de *Phelippe de Luns*
» *sa sœur* avec restitution des fruits de ceste moytié
» depuis la saisie-séquestration ».

Ce n'est pas tout, le jugement ajoute « qu'avant
» de faire droit des conclusions prises par les dits de
» Béraud en supplément de légitime *sur les biens de*
» *Hervé de Luns* et *Anne Dupuy leur aïeul et aïeule*,
» il ordonne que lesdits exécutés défendront dans le
» délai d'un mois aux-dites conclusions ; pour,

(1) A. D. L. et G.-B. 647. — Voir pièce justificative n° 2.

« — ce fait, — être ordonné ce qu'il appartiendra. »

Ce jugement, on le voit, éclaire et complète celui de 1604. De leur rapprochement, jaillit limpide, la filiation des parties : Hervé de Luns et Anne Dupuy? aïeul et aïeule des enfants de Béraud. Ceux-là, fils d'Anne de Luns et celle-ci sœur de Phelippe de Luns la condamnée à mort. Enfin Françoys, Jehan et Bertrand également frères de cette dernière, tous nés du même père et de la même mère. Donc en tout cinq enfants. On y voit encore que les biens de la condamnée furent donnés à Anne Dupuy sa mère, et à Jehan, François et Bertrand de Luns ses frères, à l'exclusion d'Anne épouse de Béraud ou quoique soit des enfants de celle-ci, sœur de la défunte. Cette exclusion fut sans doute la cause initiale du procès.

Phelippe, la condamnée, Françoys, Jehan, Bertrand et Anne de Luns, épouse de Béraud sont bien les cinq enfants annoncés d'Hervé de Luns et d'Anne Dupuy.

Le premier jugement ne dit pas dans quelles proportions les biens de Phelippe de Luns profilèrent à sa mère et à ses trois frères, à l'exclusion de leur sœur Anne ou de ses enfants (1). Le second, au contraire, est très explicite. Les biens de Phelippe de Luns, sont

(1) On remarque à ce sujet l'erreur manifeste contenue dans le jugement, erreur due sans doute à une omission du copiste. Charles IX n'a pu signer comme roi des lettres patentes du 27 septembre 1557 et 5 janvier 1560, puisqu'il ne monta sur le trône et ne succéda à François II son frère qu'au mois de décembre 1560. Mais cette erreur est sans importance dans l'affaire. Elle avertit seulement le critique qu'il ne faut pas accepter sans contrôle les énonciations contenues dans les pièces, fussent-elles des documents judiciaires.

d'après lui « obvenus à Françoys pour un sixiesme »,
ainsi qu'à Anne de Béraud sa sœur ; d'où la conséquence que la première dévolution ordonnée par les
décrets royaux fut cassée. On en conclut que Françoys
Jehan, Bertrand et leur sœur Anne, obtinrent chacun
1/6 des biens de leur malheureuse sœur et qu'Anne
Dupuy, leur mère, en eut un tiers pour sa part. Voilà
l'explication de la saisie dont parle le jugement de
de 1604.

Maintenant, pour apprécier l'importance des biens
délaissés par Phelippe de Luns et découvrir où ils
pouvaient être situés, il faut se demander pourquoi
elle subit le dernier supplice. Cette question est en
réalité moins étrange qu'elle le paraît de prime-abord.
En voici la raison : Dans la famille Mestre, la tradition voulait que plusieurs de ses anciens membres
eussent embrassé la réforme. La date de l'arrêt de
mort, — 27 septembre 1557 — montre que le pays
était alors troublé par l'agitation religieuse. Le
protestantisme introduit en France vers 1521 par
l'inimitable styliste Calvin, attirait non seulement
des âmes à la foi sincère, scandalisées par la conduite
dissolue du haut clergé, des moines et autres religieux
de toutes couleurs, mais aussi les mécontents, tous
ceux qui gémissaient des empiétements et de la
tyrannie des princes de l'Eglise catholique, ainsi que
des multiples abus commis sous prétexte de religion.
Tous ceux enfin qui considéraient les puissants du
jour comme un obstacle à leur ambition plus ou moins
légitime et au développement de leurs intérêts.

Il se pourrait bien, alors, que Phelippe de Luns,
âme simple et naïve, eut embrassé non seulement de
bonne foi, mais avec ardeur la religion nouvelle, et

péri, victime de ses convictions. S'il en était ainsi, s'il se trouvait des huguenots parmi les membres de la famille Mestre, la parenté de Phelippe de Luns avec cette dernière devenait probable, certaine même puisque la ligne maternelle des Mestre s'appelle de Luns, et qu'un Mestre hérita d'un descendant collatéral de Phelippe de Luns, comme nous le verrons plus loin. Du même coup l'origine des biens apparaissait. Mais où trouver cet arrêt?

Il existe à Paris quatre copies incomplètes de registres criminels du Parlement. On les trouve à la Bibliothèque Nationale, salle des manuscrits (1) ; à la Bibliothèque Mazarine (2), à celle de Sainte-Geneviève (3) enfin à la Bibliothèque de la Chambre des députés (4).

Ces copies, émanant de du Bouchet Saint-Victor, Harlay, Séguier et de la collection Bignon, dite collection Cotte, contiennent toutes la même lacune fâcheuse : à la page 440 du registre N° 23.827 de la Bibliothèque Nationale on lit : « *Nota*: « Les registres » depuis juin 1557 jusques en juillet 1558 manquent » au greffe. » Même annotation sur la copie de Harlay N° 14.607 et sur le N° 2.983 de la Mazarine. Même constatation à Sainte-Geneviève et à la Chambre des députés. Donc, il ne fallait pas compter y lire le fameux arrêt, qui semblait bel et bien perdu, car dans aucune de ces copies prises plus d'un siècle après l'événement (1660 et plus tard) on ne trouve

(1) N° 23.827-14607-18334.
(2) N. 2983 (1436 D.)
(3) 425-455 In-fol. 17-721. T. XIII, N° 436.
(4) p. 372 du catalogue N° 437-472 Be. 90 et p. 384 N° 751 (270).

d'explication sur les causes ni l'époque de cette dispa-
rition. Heureusement, l'histoire de France de La-
visse (1) contient le récit d'une échauffourée, ensuite
de laquelle une demoiselle de Luns, âgée de 23 ans,
veuve d'un gentilhomme, M. de Graveron, fut condamnée à mort pour cause d'hérésie.

Théodore de Bèze, dans son *Histoire ecclésiastique
des Eglises réformées du royaume de France* (2)
imprimée à Anvers en 1580, où l'éminent historien
l'a recueillie, conte tout au long cette lamentable
affaire. Crespin, après de Bèze, en parle également.

Résumons le récit, toujours intéressant, poignant
et sinistre parfois de ce contemporain de l'événement (3).

Dans le courant de l'année 1556 Phelippe de Luns
native de Gase, paroisse de Luns, diocèse de Périgueux, vint à Paris avec son mari, seigneur de Graveron, pour — dit le narrateur — se joindre à l'Eglise
de Dieu. — En mai 1557, son mari mourut la laissant
héritière de tous ses biens.

Le 4 septembre 1557, une assemblée d'environ
3 à 400 personnes de toutes qualités, se réunit le soir
pour la célébration de la Cène, dans une maison rue
Saint-Jacques, vis-à-vis le collège du Plessis et
derrière la Sorbonne, appartenant à un bourgeois
nommé Berthouner ou Berthounier. Ils y furent dé-
couverts par les boursiers du collège, qui se répan-
dirent dans la rue en poussant de grands cris, ameu-
tèrent les passants contre la réunion et coururent

(1) T. V², p. 220 et 221.
(2) T. I, p. 117 à 128. Voir pièce justificative N° 3 aux
Annexes.
(3) Th. de Bèze, 1519-1605.

avertir le guet. La foule grossie de minute en minute, devint si menaçante que les réformés résolurent de se frayer un passage, même par la violence au travers de ces forcenés. Ceux qui étaient armés firent usage de leurs armes. Les autres s'enfuirent par les jardins et les terrains vagues.

A l'arrivée du guet et du procureur du roi, il ne restait plus que quelques vieillards, des femmes et des enfants. Le procureur, nommé Martine, voulut garder les femmes dans la salle de réunion, pour ne les laisser partir qu'après la dispersion de ces furieux. Mais ceux-ci protestèrent, menaçant même de mettre le feu à la maison si on ne faisait pas sortir les femmes comme les hommes. Et, sans aucun respect pour leur sexe, ni pour leur qualité, car — dit encore De Bèze — « quatre ou cinq exceptées, elles estaient toutes » dames ou damoiselles de grandes maisons » ; on les roua de coups, on les couvrit d'ordures ; elles furent en butte à toutes les injures et à tous les outrages de ces brutes, excitées par les séminaristes du collège, qui donnèrent dans cette émeute organisée par eux, l'exemple de la plus abominable férocité.

Précisément, parmi ces malheureuses, se trouvait Phelippe de Luns, veuve du seigneur de Graveron (1)

(1) Au sujet de ce nom on lit p. 151 de l'édition de 1883-1889. Paris, Fischbacher, à la note G « au lieu de Graveron » » que l'on trouve aussi dans Laplace et dans Crespin, Crottet » » dans sa petite petite Chronique p. 169 dit que le manuscrit » » de Chaudieu porte — du Gramboys » — A notre avis le manuscrit de Chaudieu est inexact sur ce point. La preuve en est que Jehan de Luns *Seigneur de Graveron*, est bien le neveu de Phelippe de Luns, veuve précisément du *Seigneur de Graveron*. Nous ignorons si le manuscrit de Chaudieu, lui vient de Th. de Bèze, mais il est permis d'en douter.

On les enferma dans les basses fosses et les « crotons » (*sic*) les plus infects de la prison du Chatelet.

Des amis puissants à la cour essayèrent d'arracher Phelippe de Luns des mains des bourreaux, et, malgré son refus d'abjurer, ils y auraient même réussi, sans

---

Celui-ci, contemporain de l'événement a copié lui-même l'arrêt au greffe. Or, il faut le supposer assez familiarisé avec la calligraphie de l'époque pour ne pas faire une telle confusion. Dans Gramboys il y a une lettre a longue boucle le b qu'on ne saurait confondre avec aucune de celles dont se compose Graveron. Au surplus, le procès de 1604 prouve irréfutablement l'erreur du manuscrit de Chaudieu. On pourrait soutenir que le seigneur de Graveron n'était pas originaire du Périgord, et qu'il ne s'agissait pas de la terre de Graveron, sise paroisse d'Eynesses, tirant son nom du ruisseau qui coule non loin de là, mais bien d'une terre du diocèse d'Evreux. Dans l'armorial général 1re et 2e parties K. 11-53 F. des archives pp. 271 et 272 on trouve une famille Graveron dans ce diocèse. Notamment Robert de Graveron IIe du nom, écuyer, seigneur de Gondreville. Mais la preuve qu'il ne s'agit pas de cette famille, c'est que celui-ci se maria avec Nicole de la Haie le 14 mars 1557. Or, celui dont nous parlons était marié avec Phelippe de Luns, dès 1556 et mourait en mai 1557. Et alors même que le mari de Phelippe de Luns serait originaire d'Evreux et non du Périgord, l'identité de celle-ci n'en serait aucunement modifiée.

Particularité curieuse : On trouve parmi les délégués des communes envoyés à Agen à l'assemblée des Etats Généraux de 1789, pour la rédaction des cahiers, un nommé Aubin Gros *du Gramboys*, de la juridiction de Duras. Or, en 1744, Marie Mestre, fille d'Etienne et de Louise Bourgoing, épousait à Caplong un bourgeois de Duras nommé Gros. Et il se trouve que dans les 11 paroisses dont se composait la juridiction de Duras, figuraient Saint-Sernin, Savignac-de-Duras résidences des familles Mestre. *Mondenard. Les cahiers des Etats Généraux de 1789, p. 386, n° 6 des pièces justificatives* (B. N. Le 24-283e).

l'intervention du garde des sceaux — Bertrandi — qui, dit Théodore de Bèze « halcinait sa confiscation ».

Le procès de ces infortunés commença le 27 septembre 1557. Parmi les trois premiers qui, après avoir subi la question ordinaire et extraordinaire, comparurent ce jour-là devant la cour criminelle, figure Phelippe de Luns. Cette malheureuse jeune femme fut condamnée à avoir la langue arrachée, les pieds et le visage « flamboyés » puis à être étranglée et enfin brûlée. Sa qualité de femme « de noble maison » lui valut de ne pas être garrottée vivante sur le bûcher. Elle avait environ 23 ans (1).

L'exécution eut lieu séance tenante, tant Bertrandi redoutait de voir sa proie lui échapper. Détail horrible : un vent violent s'éleva au moment où le bûcher flambait, en sorte que les deux autres condamnés à être brûlés vifs, subirent l'atroce supplice d'avoir les jambes carbonisées avant que les flammes leur atteignissent la poitrine et la tête (2).

Ceux qui trouveraient la convoitise de Bertrandi insuffisante pour justifier une telle barbarie envers

(1) Th. de Bèze, on l'a vu, la déclare née à Gase, paroisse de Luns, diocèse de Périgueux. Ces noms de lieu et de paroisse n'existent plus, mais Th. de Bèze qui copia lui-même au greffe l'arrêt de mort ne saurait être soupçonné d'imposture. Avec M. Lavergne, archiviste du département de la Dordogne nous pensons qu'il s'agit de Lunas, canton de Laforce, arrondissement de Bergerac, qui n'est qu'à 30 kil. de l'ancienne paroisse Sainte-Marie des Parduz, et toutes deux du côté de la Gironde.

(2) Cf. Histoire des martyrs persécutés et mis à mort pour la vérité du saint Evangile, in-fol. de 760 feuilles de 1507. B. N. Casier H. n° 1873.

une jeune veuve de 23 ans, seule au monde et sans défense se reporteront à l'*Histoire de France* d'Henri Martin. Ils y verront au tome VIII, page 488 et suivantes, qu'un édit de 1555, obtenu par le cardinal de Lorraine de la faiblesse d'Henri II, ordonnait l'exécution immédiate des condamnés par les tribunaux ecclésiastiques, empêchant ainsi la juridiction laïque de réviser ces abominables sentences. Et plus loin, pages 490 et 491, qu'au moment de la guerre d'Italie, en février 1557, Henri II rétablit l'inquisition en France, toujours à l'instigation du même prélat, qui se fit charger par son maître d'en demander le rétablissement au Pape, et, en attendant, la fit fonctionner. Le Pape, enchanté, envoya la bulle d'autorisation le 26 avril ; elle fut enregistrée le 24 juillet, en vertu d'un édit royal qui reprochait aux juges de *se laisser émouvoir bien souvent de pitié*, et leur défendait de modérer les peines portées par les ordonnances (1).

On voit clairement maintenant comment les biens de Phelippe de Luns passèrent à sa mère, à ses frères et à sa sœur ; et si précisément l'un de ses neveux fils de son frère Françoys est qualifié seigneur de Graveron (2) dans le jugement de 1604, c'est que cette terre lui vient de son père décédé en 1592, et que celui-ci l'avait recueillie dans le sixième lui revenant de la succession de sa sœur Phelippe,

Donc, si la terre de Graveron est advenue à Françoys de Luns par la succession de sa sœur, c'est qu'évidemment celle-ci la tenait de son propre mari, seigneur de Graveron.

(1) Henri Martin, *Histoire de France*. Paris, Furnes, 1857.
(2) Hameau actuel de la commune d'Eynesses près Sainte-Foy-la-Grande.

En outre, si Phelippe, épouse de Lajonye, Suzanne et Isabeau, sœurs, avaient obtenu un décret du juge de Sainte-Foy, contre leurs frères Jehan, Pierre et Jacques, et si les enfants de Béraud étaient intervenus par une opposition, c'est parce qu'il s'agissait de biens d'une commune origine, également communs à tous ces plaideurs. Si, enfin, le premier acte de procédure connu (8 décembre 1592), est antérieur d'au moins trois semaines au décès de François de Luns, c'est la preuve, qu'au début, le procès ne pouvait avoir pour objet ceux qui appartenaient déjà à celui-ci.

Nous disons plus haut avoir de fortes raisons de penser que tous les biens litigieux n'étaient pas dans la juridiction de Sainte-Foy. Remarquons-le en passant : la succession de Phelippe de Luns se divise en cinq parts dont quatre de chacune 1/6 et une de 2/6 ou 1/3. Cela expliquera plus tard les titres des sieurs de Barbot, de Caufour, de La Roque, tous portés par des de Luns et même des Mestre, mais pour le moment retenons que ces terres étaient situées paroisses de Caplong et de Thénac.

§ 2 : *Lignée de Simon et Pierre de Luns, petits-fils et arrière-petits-fils d'Hervé de Luns*

De 1607 à 1691, aucun document n'existe pour relier aux précédents, Simon et Pierre. Nous savons cependant que noble Simon de Luns, seigneur de Barbot, paroisse de Caplong, y mourut en 1691 âgé de 78 ans, et que sa femme : damoiselle Geneviève Lambert le suivit un an après dans la tombe à l'âge de 60 ans. Par conséquent Simon de Luns vit le jour en 1613. De qui était-il fils ? De Jehan écuyer, seigneur de Graveron, ou de son frère Pierre? Nous pensons que c'était de ce dernier, mais on peut soutenir avec la même vraisemblance qu'il eut pour père Jehan ; et en optant pour celui-ci la démonstration deviendrait très facile. Il suffit, en effet, de remarquer dans ce cas, que si Jehan est seigneur de Graveron, c'est comme héritier de son père Françoys, frère de Phelippe de Luns. Néanmoins nous penchons pour Pierre et nous justifions cette préférence par ce fait qu'on ne retrouve pas la terre de Graveron chez ses descendants, tandis qu'elle devrait y figurer si Pierre et Simon descendaient de Jehan. Examinons les deux hypothèses : Et d'abord si l'âge de l'un ou de l'autre ne ferait pas pencher la balance pour celui-ci plutôt que pour celui-là. Jehan supposé né en 1575 aurait eu 7 ans de plus que son frère Pierre, porté comme étant venu au monde en 1582. Or, Simon de Luns naquit en 1613. A sa naissance, Jehan avait 37 ans, et Pierre 30. Les probabilités en faveur de l'un ou de l'autre s'égalisent donc.

Enfin, à défaut d'acte de filiation, circonstance normale à cette époque puisqu'il s'agit de réformés, notre argumentation s'appuiera sur l'étude de l'importance et de la dévolution des biens de Phelippe de Luns. Nous savons que ceux du seigneur de Graveron, ou du moins une partie, passèrent à sa veuve. Celle-ci ne dut rien retirer de la terre de Luns; les anciennes coutumes faisant passer les terres sur la tête des mâles à l'exclusion des filles, sans compter qu'elle pouvait appartenir à un frère de son mari. La succession de Phelippe de Luns se partagea en six parties que nous pouvons en définitive considérer comme devenues en totalité la propriété de ses frères et

neveux, par le décès de sa mère. Au sixième à lui
dévolu, Françoys ajouta donc, au minimum, le quart
de la part retirée par cette dernière. Mais cela ne suffit
pas à expliquer, qu'ayant laissé six enfants, son fils
aîné Jehan, eut-il été avantagé, possédât à lui tout
seul la terre de Graveron, s'il n'y avait eu dans la
succession de son père que le sixième provenant de
celle de Phelippe. Or, on a vu que le jugement de 1607
accordait seulement la 1/2 de ce sixième aux trois
enfants mâles de Françoys. Celui-ci laissait donc
d'autres biens fonds que la terre de Graveron. D'après
le jugement de 1604, il n'est question dans le testament de 1592 que d'un legs de 3.000 livres fait à un
nommé Rougier. Si Jehan eut été avantagé, le
jugement le relaterait. On sait, en effet, quelle
importance ont, dans les procès, les qualités prises
par les parties, et on y eut certainement lu qu'il
agissait tant comme héritier que comme légataire
de son père.

Un autre argument tiré du jugement de 1604,
confirme notre opinion sur l'importance des biens ;
c'est la revendication par les enfants de Béraud
d'une somme de 16.000 livres, pour supplément de
légitime dans les successions de leurs grand-père
et grand'mère de Luns-Dupuy, chiffre énorme pour
l'époque. D'où la conséquence que la terre de Graveron ne représentait pas même la sixième partie de la
succession de Françoys. En effet, il n'a recueilli on
s'en souvient dans celle de sa sœur, qu'un douzième
de son chef et au maximum, un autre douzième dans
celle de sa mère. Et si les consorts de Béraud ré-
clament 16.000 livres pour supplément de légitime

dans les successions de leurs grands-parents, c'est que leur oncle en a retiré plus du double.

Donc en ajoutant à la terre de Graveron, celles de Barbot et de La Roque, paroisse de Caplong ; et de Caufour, paroisse de Thénac; plus une maison à Sainte-Foy que nous avons trouvée dans les « *rolles de capitation de la noblesse* » on n'arrive pas à constituer une masse de biens suffisante pour faire la part de ses deux frères et de ses trois sœurs; l'importance des terres de Barbot, la Roque et Caufour nous étant révélée par les rôles d'impôts dont nous aurons aussi l'occasion de parler.

A cette époque — comme avant — comme après — la noblesse n'augmentait pas ses biens fonds par des acquisitions à prix d'argent ; elle n'avait jamais un écu disponible; mais au contraire par des alliances ou des héritages. Il en faut donc conclure qu'il y avait en dehors de la juridiction de Sainte-Foy, d'autres immeubles dans la succession de Françoys de Luns, puisque ceux que nous y connaissons sont notoirement insuffisants pour faire la part de tous ses enfants. On se souvient en effet qû'aucun d'eux ne fut fut avantagé par leur père.

Et c'est ainsi que nous avons été amené à nous demander si la maison située à Allemans, dans laquelle décéda Pierre Mestre, appelé dans le pays « *Moussu Deltin* » ne venait pas de cette famille. Après de longues réflexions, l'affirmative paraît probable. Pour la justifier, il est nécessaire de faire une incursion dans l'histoire de ce pays.

Il y eut certainement dans la famille de Luns, des protestants autres que la malheureuse Phelippe. On peut se demander si son frère, Françoys, décédé

en 1592, n'embrassa pas — pour un temps du moins — le protestantisme. Nous sommes, en effet, en plein pays huguenot : Bergerac, Sainte-Foy, Monségur, Duras, La Sauvetat, Eymet sont autant de villes fortifiées, sous la puissance du roy de Navarre.

Pour échapper au duc de Mayenne, qui l'attend à Marmande, où il croit le faire prisonnier, le futur Henri IV passera la Garonne un peu au-dessus d'Aiguillon, et faisant un crochet, gagnera Bergerac par Lauzun et Eymet, puis, de ce point, ira se mettre à l'abri derrière les murs de Sainte-Foy. Or, on trouve dans Montaigne le récit suivant (1) :

« Le Roy de Navarre me vint voir à Montaigne où
» il n'avait jamais été et y fut deux jours servi par
» mes gens sans aucun de ses officiers. Il n'y souffrit
» ni essai, ni couvert et dormit dans mon lit. Il avait
» avec lui Messieurs le prince de Condé, de Rohan,
» de Turenne, de Bétune et son frère de la Boullaie,
» d'Esternay, de Haraucourt, de Mont-Martin, de
» Montattère, Lesdiguières, de Poë, de Blacon, de
» Lusignan, de Clervau, Savignac, Ruet, Sallebœuf,
» Laroche, de Rous, d'Aucourt, *de Luns*, Frontenac,
» Fabal, etc. »

Ce de Luns était évidemment protestant, sans quoi il n'eut pas fait partie des officiers de la suite du Roy de Navarre. La visite dont parle Montaigne est du 19 décembre 1581, à cette date, Françoys de Luns pouvait avoir 51 ans, ses frères 45 et 40. Il s'agit sans aucun doute de l'un des trois.

On peut opposer à ce raisonnement qu'aucun des frères de Luns, n'eut dans ce cas, reçu à titre de don

(1) Montaigne : *Essais.* Paris, Garnier, frères, 1866, T. IV, p. 357.

une portion quelconque du patrimoine de leur sœur Phelippe. Le garde des sceaux Bertrandi veillait : « *il haleinait la confiscation* de cette succession », dit Th. de Bèze ; et il eut certainement décidé le roi à ne pas abandonner à des parents protestants les biens d'une hérétique condamnée à mort. L'argument est fort, mais ne porte pas : rien ne prouve que Françoys de Luns ou ses deux frères, catholiques en 1557, ne fussent pas protestants en 1581, soit 24 ans plus tard. Il est même certain que Françoys mourut catholique en 1592. — Henri IV aussi en 1610. — Comme celui-ci il avait abjuré, suivant en cela l'exemple de son maître.

Bien mieux, Allemans-du-Dropt, même, compta des protestants dans ses murs. Il en existait encore en 1667 et 1685 ; la preuve s'en lit tout au long dans les vieux actes de l'état civil de la commune. En 1685, Pierre Lagrange (1) et Damoiselle Passelaygue sa femme abjurèrent, la religion prétendue réformée.

Qu'on veuille bien, maintenant, considérer la maison ayant appartenu pendant plus d'un siècle aux familles Mestre et Montaud. C'est de toutes celles du bourg la plus anciennement bâtie en pierres de taille et en moellons, c'est même de toutes les anciennes constructions la seule construite exclusivement avec de tels matériaux, C'est encore la seule présentant par sa distribution intérieure ce caractère particulier des vieilles demeures calvinistes de Bergerac, d'Eymet de Duras. Sa porte d'entrée étroite et basse à voûte

---

(1) Ce Pierre La Grange pouvait bien être un descendant de Pierre de La Grange, procureur à Agen qui — dit Th. de Bèze, T. I, p. 320, — fut saisi à Agen dans la maison de Roussannes et enfermé, les fers aux pieds et aux mains, parce que protestant, dans la prison de l'Evêque.

arrondie ouvrant sur un étroit corridor jadis pavé de
cailloux de rivière, n'avait pour pendant de chaque
côté, qu'une étroite croisée à peine suffisante pour
éclairer d'un faible jour les deux pièces donnant sur
la rue. Les deux portes à deux vantaux qui les rem-
placent aujourd'hui sont d'une époque récente. J'ai
vu bâtir l'une d'elles. De l'enfilade de pièces qui se
poursuit jusqu'au milieu de la cour intérieure, une
seule s'ouvrait sur le corridor. L'entrée des autres
donnait sur la cour. On remarque dans celle-ci le
puits, et l'escalier aboutissant à un balcon en bois, au
premier étage donnant aussi sur la cour. Comme le
corridor, les chambres de l'unique étage étaient
pavées de cailloux. La cour groupait autour d'elle
toutes les dépendances : bûcher, écurie, hangar,
étables, grange. Enfin la maison aboutissait au midi
et par une porte étroite, transformée plus tard en
portail, aux fossés du bourg aujourd'hui comblés
par une rue. C'est l'aspect sombre et froid d'une
espèce de forteresse. La principale préoccupation du
propriétaire en la construisant semble avoir été de
se garantir contre toute attaque, ou de se mettre à
l'abri d'un coup de main. C'est bien là une demeure
de calviniste, remontant au seizième siècle.

Quoi d'étonnant, alors, que cette maison, dépendît
à l'origine du patrimoine d'un des enfants de Françoys
de Luns. Sans doute, ce n'est point là une preuve
incontestable, mais il est d'autres particularités très
suggestives qui ne sont pas l'œuvre du hasard. Le
hasard est un personnage qu'on fait intervenir bien
souvent pour expliquer les faits que l'on ne comprend
pas, et pour dissimuler qu'on en ignore les causes.

L'une de ces particularités, c'est précisément la

possession de cet immeuble par les descendants des de Luns, d'une façon certaine dès avant 1794.

Un partage du 23 mai 1823 (1), intervenu entre les époux Mestre-Villatte, d'une part, et les époux Mestre-Cheyron d'autre part, nous apprend que cette maison avec deux petites propriétés (Borio) situées l'une commune de Peyrière et l'autre commune de Puysscrampion, dépendaient de la succession de Jean-Baptiste Cheyron, ancien juge de paix à Seyches, premier mari de Jeanne Villatte. Il eut deux enfants de ce mariage : Jeanne, devenue épouse du capitaine Mestre, et Raymond décédé après son père. Ce dernier mourut en 1791, laissant un testament en faveur de sa femme. Son fils testa également au profit de sa mère. Et c'est pour faire la part de la mère et de la fille dans ces successions que le partage intervint. La maison qui nous occupe, avec la grange et le jardin bien connus de nous furent partagés par moitié entre elles.

En 1822, notre arrière-grand-père et sa femme avaient cédé au capitaine Mestre leur fils et beau-fils tous les droits de propriété leur appartenant dans la succession de Jean-Baptiste Cheyron, premier mari de Jeanne Villatte ; puis, dans celle de Raymond Cheyron, frère de cette dernière, par acte du 22 décembre 1828, par devant Me Rougier notaire à Saussignac. On vient de voir que Cheyron avait testé en faveur de sa femme et que le frère de celle-ci en avait fait autant.

Le testament du premier rédigé par Me Joly notaire à Allemans est de 11 septembre 1791. Nous savons

(1) Etude Biraben, notaire à Soumensac.

que celui de son frère fut libellé par Me Martin.

Depuis quand Cheyron possédait-il cette demeure? On ne saurait le dire. En supposant qu'il la tînt de ses auteurs, on remonte dans cette famille vers 1720 (1).

Particularité bien digne d'attirer notre attention ; il y avait à Allemans dès 1620, de nombreuses familles Bourgoing ou alliées aux Bourgoing ; dont tous les membres étaient des bourgeois. On a retenu que notre aïeule née à Monségur sortait d'une famille de ce nom. Or, précisément, c'est de 1623 à 1746 que ces familles résident à Allemans. On remarque en effet, sur les registres, les mariages : Vital Bourgoing et Nardy Truffy (1623) (2) ; Jeanne Bourgoing et Zacharie Ricaud ou Ricard (1646) ; ce nom de Zacharie décèle un huguenot (3). Françoise Bourgoing et Jean Rouyre (même année) (4) : Catherine Bourgoing et François Coulin (1648) (5) : Jeanne Bourgoing et Raymond des Bories (1650) (6) : Jean Bourgoing et Catherine Tillet (1741) (7). Tous bourgeois parmi lesquels il y a justement des protestants. Le 26 décembre 1681, dans l'église Saint-Eutrope d'Allemans, en grande pompe, et entre les mains de Jean de Ricard curé de la paroisse, Jean Pourcent âgé de 10 ans, fils d'Alexandre et de *Jeanne Bourgoing*, natif et habitant de la paroisse abjure l'hérésie de Calvin (8)

---

(1) Cheyron J.-B. paraît être le fils de Guillaume Cheyron géomètre à Allemans, dont le contrat de mariage avec Jeanne Cougouille fut insinué en 1745 (A. D. L.-&-G. B. p. 59, n° 156).

(2 et 3) E. C. Allemans.

(4-5-6) E. C. Allemans.

(7) E. C. Allemans.

(8) *Ibidem.*

Et ce n'est point là un cas isolé. Antérieurement et les 9 juin 1678 et 23 avril 1680, ses sœurs, Marie-Magdellaine et Jeanne respectivement âgées de 22 et 18 ans, avaient également abjuré (1). Nous remontons ainsi à une époque contemporaine de Pierre de Luns. Rappelons-nous encore que des trois filles de Françoys de Luns qui opérèrent la saisie d'où surgirent les procès de 1604 et de 1607, l'une d'elles était mariée à Geoffroy de Lajonye, sieur de la Gorce, et que la Gorce est encore aujourd'hui un hameau de la commune de Soumensac, tout proche d'Allemans.

Si fantaisiste que cela paraisse, il est permis de supposer que cette maison d'aspect incontestablement protestant a appartenu à la famille de Luns. Qu'à la suite des procès de 1604 et 1607, elle devint la propriété d'une ou de plusieurs filles de Françoys. Que de leurs mains elle passa par alliance dans la famille Bourgoing ou la famille Cheyron, ou même ce qui est plus probable, d'abord dans la famille Bourgoing puis dans la famille Cheyron.

Ces suppositions sont moins romanesques que l'on pourrait le croire, parce qu'un fait très suggestif domine toutes les objections qui se présentent à l'esprit ; c'est qu'il s'agit d'une propriété appartenant à des protestants. Cette particularité restreint singulièrement le champ des hypothèses, et donne à la nôtre un tel caractère de vraisemblance, qu'on ne voit pas trop par quels arguments on la repousserait.

Après les de Luns que nous y plaçons, il n'y a dans Allemans d'autres calvinistes que les familles Lagrange ; Pourcent (plus tard Pourcent Beaupuy) ;

(1) E. C. Allemans.

et Bourgoing, celles-ci très nombreuses. La maison qui nous occupe, n'a donc pu guère se transmettre ailleurs, ni autrement que par alliance. Et nous donnons la préférence aux familles Bourgoing, parce que notre aïeule est une Bourgoing — de Monségur — objectera-t-on; sans doute. Remarquons seulement que c'est précisément quand ce nom disparaît presque entièrement d'Allemans qu'on le retrouve à Monségur, soit vers 1720. Et il disparaît, parce que sauf deux exceptions, il n'est porté que par des filles ; et celles-ci deviennent Mesdames Ricaud ou Ricard — Rouyre — Coulin — Raymond des Bories — Pourcent, etc. Ce sont les descendants de Vital Bourgoing qui émigrent selon nous à Monségur.

Ne l'oublions pas non plus, c'est à Allemans, chez *son neveu* Pierre Mestre que vient mourir à 87 ans et le 3 vendémiaire an XIV (1806), Catherine Bourgoing née à Monségur. Si elle se déplace à cet âge, c'est que des souvenirs de famille très puissants l'y poussent. Et quel attrait plus puissant, pour un vieillard de 87 ans que celui d'aller mourir dans la maison de ses aïeux?

Or, Catherine Bourgoing est née en 1719, époque où l'on trouve encore des Bourgoing à Allemans.

Il y en a même encore en 1741. Un Bourgoing à cette date a pour femme une Tillet. Et particularité remarquable : encore en 1860 une Tillet possédait une cour contiguë à cette maison, qui à l'origine devaient avoir le même propriétaire.

Résumons-nous : Nous avons établi, d'abord, que la famille de Luns comptait plusieurs protestants parmi ses membres; puis, démontré que les biens de Françoys de Luns, ne consistaient pas seulement en ceux situés dans la juridiction de Sainte-Foy; et exposé les motifs qui nous faisaient croire qu'elle en possédait très probablement dans Allemans. Ces probabilités, nous les avons tirées d'un ensemble de faits que le seul hasard n'aurait pu réunir, et notamment de la parenté et du voisinage de tous ceux dont nous avons invoqué les noms.

En nous appuyant sur cette particularité qu'il s'agissait de familles protestantes et en nous inspirant de la situation faite aux religionnaires en ce temps-là, nous avons fait comprendre les raisons pour lesquelles leurs biens se transmettaient exclusivement entr'eux ; ce qui restreignait considérablement le champ des hypothèses. Et, de déductions en déductions, nous sommes arrivés aux conclusions suivantes : De la famille de Luns, et par alliance, la maison, la grange et le jardin d'Allemans, objet de cette longue dissertation, passèrent dans une des familles Bourgoing. Par les mêmes voies, ces biens entrèrent dans la famille Cheyron ; et toujours de la même manière ils devinrent la propriété de la famille Mestre, descendante directe de la famille de Luns. C'est ma conviction. Si ces conclusions ne sont pas l'expression de la vérité, on conviendra qu'elles en approchent de bien près. Qu'importe, en somme, puisque l'exactitude de la généalogie qui nous occupe, ne dépend ni directement, ni indirectement de la solution de ce problème. C'est parfaitement exact, mais si elle est sans intérêt pour un étranger, elle en a un et des plus vifs pour l'auteur de ces lignes. Cette maison figure au premier plan dans ses souvenirs de prime jeunesse ; elle fait pour ainsi dire partie de son passé ; et l'on sait combien s'avivent les souvenirs du jeune âge

quand on les évoque au déclin de la vie. Plus approche
la fin de l'existence, plus on se découvre d'attachement pour ces évocations des jeunes années. Cette
maison est donc comme une partie de moi-même.
Notre père y a séjourné pendant sa plus tendre
enfance ; il était là chez son grand-père. Moi-même
pendant plus de vingt ans j'y fréquentais à la fois des
parents et un ami. Après la maison de mes grands-
parents maternels, maison sacrée, maison révérée
où s'écoulèrent mes premières années, celle dont je
parle tient la première place dans mes souvenirs. On
comprendra donc combien la solution de cette question devait exciter ma curiosité, et tout l'attachement
qu'elle m'inspirait, et tout l'empressement que j'ai
mis, sinon à la résoudre pleinement, du moins à établir
en faveur de mon hypothèse, une très grande probabilité d'exactitude.

Les réflexions que nous venons de faire à propos
de l'importance, et de la situation des biens dépendant
des successions de la malheureuse Phelippe et de son
frère Françoys, trouvent ici leur application. Nous le
répétons encore, à cette époque, les biens advenaient
aux familles presqu'exclusivement par alliances ou
successions. Ceux de Simon de Luns, seigneur de
Barbot, de son fils seigneur de Caufour, de Pierre
de Luns seigneur de La Roque et de Caplong, de
Jehan de Luns seigneur de Graveron ne devinrent
pas leur propriété de façon différente.

D'autre part, l'origine de la terre de Graveron, vient
pertinemment de la succession du seigneur de Graveron, mari de Phelippe de Luns, tante de Jehan et
de Pierre, insistons-y. Et en considérant que tous
les de Luns existant aux diverses époques plus

haut rappelées nous sont connus ; il est infiniment probable que toutes ces propriétés ont dû
appartenir soit à François seul, soit à lui et à ses
frères et sœurs, et alors nous aboutissons au même
résultat, puisque ce sont autant de frères et de sœurs
de Phelippe. En admettant que Jehan en sa qualité
d'aîné fût avantagé — et ce n'est pas du tout prouvé
— il n'en fallut pas moins faire la part de ses frères
Pierre et Jacques, dans la succession de leur tante. Or,
les propriétés de Caufour, de Barbot et de La Roque
sont devenues celles des enfants et descendants de
Pierre et de Simon de Luns, d'où nous concluons que
leur grand'-père était Simon de Luns ou son frère
Pierre. Mais si on ne peut définitivement trancher la
question en faveur de l'un d'eux, on peut expliquer
pourquoi leur frère Jacques est écarté. C'est qu'au
lieu d'un tuteur, comme avait Pierre lors des procès,
il était pourvu d'un curateur. Cette particularité fait
supposer qu'il ne possédait pas toutes ses facultés, ou
que décédé, après son père, sa succession fut
déclarée vacante et pourvue d'un curateur, faute
d'acceptation de la part de ses héritiers.

Ceci dit, pour la clarté de ce qui va suivre, nous
déclarons opter pour Pierre, fils de François, comme
père de Pierre et de Simon, celui-ci époux de
Geneviève Lambert. Ces longues digressions nous
ont paru nécessaires, pour justifier le rattachement de
la lignée de Simon de Luns, seigneur de Barbot, à celle
d'Hervé de Luns.

Il faut établir, à présent, que Simon de Luns,
seigneur de Caufour et Pierre de Luns, seigneur de
La Roque cousins germains, sont bien fils de Pierre

et de Simon sus-nommés, et petits-fils de Pierre fils de Françoys.

Dans une procuration (1) donnée le 10 juin 1742 par Pierre de Luns écuyer seigneur de la Roque et sieur de Caplong à Pierre Mestre, bourgeois, *son petit-fils aîné*, le signataire « charge le petit-fils » d'aller à Caufour, paroisse de Thénac, juridiction » de Puyguilhem, en la maison de défunt Simon de » Luns, *son cousin germain*, dont il est héritier pré- » somptif, pour assister avec les autres héritiers, et » la *veuve* à l'ouverture du testament du défunt, et » faire faire inventaire ».

Si en 1742 Pierre de Luns, écuyer seigneur de la Roque et sieur de Caplong se prétendait héritier, pour partie, de Simon de Luns son cousin germain, c'est que l'auteur commun, leur grand-père, était venu au monde au moins 80 ans auparavant, soit aux environs de 1662. Vérifions cette date.

. Pierre Mestre, *petit-fils aîné* mandataire de son grand-père est majeur de 25 ans en 1742 (2) il vint donc au monde au plus tard en 1717. Il est l'aîné. Sa mère Suzanne de Luns, se maria donc vers 1716. Donnons un âge raisonnable à celle-ci lors de son mariage — 22 ans par exemple — elle sera née en 1694. On peut admettre sans exagérer que son père prit femme en 1692 — 2 ans avant.— Donnons seulement 30 ans à celui-ci à ce moment et sa naissance remontera exactement à 1662. Tout cela se tient bien. Il n'est donc pas étonnant que nous lui attribuions

(1) Etude de Me Peyré, notaire à Sainte-Foy-la-Grande.
(2) En ce temps-là la majorité ne commençait pas avant 25 ans pour les actes civils et avant 30 ans pour le mariage.

80 ans en 1742. Ces dates, relatives à son mariage et à la naissance de sa fille, sont confirmées par celle de la naissance de Marie de Luns, sœur de cette dernière : 6 décembre 1696, à Caplong.

Donc, Pierre de Luns époux de Suzanne de Foussa, grand-père de Pierre Mestre naquit vers 1662. C'est établi.

Comment s'appelait son père?

Précisément Simon de Luns, écuyer, seigneur de Barbot, en remarquant aussitôt pour n'y plus revenir, qu'en 1662 il avait 49 ans, âge où l'on peut fort bien procréer. A défaut d'acte de naissance, nous l'allons démontrer par d'autres documents officiels.

Dans les « Cahiers des baptêmes, mariages et » sépultures de l'Eglise réformée de Sainte-Foy (1) », on trouve le mariage de Marie de Luns, *fille* de Simon de Luns, écuyer, seigneur de Barbot, avec Pierre de La Rivière, célébré le 10 novembre 1697 dans l'église Notre-Dame de Sainte-Foy; ce qui entre parenthèse démontre que cette église servait alors au culte de la Réforme, et que Simon de Luns et sa fille étaient protestants. Avant d'aller plus loin, il convient de prouver que Mme de la Rivière est sœur de Pierre de Luns, époux de Jeanne de Foussa, pour démontrer que celui-ci est également fils de Simon de Luns seigneur de Barbot. Or, les mariés de Luns-de Foussa, eurent une fille, née à Caplong le 6 décembre 1696 (2). Son parrain s'appelait Daniel de Foussa avocat au parlement, juge à Rauzan ; sa marraine, Marie de Luns. Pas d'hésitation ; Daniel de Foussa est le frère ou

(1) A. D. G. — E. S. 5688 GG 69 *ter*.
(2) A. D. G. — E. S. 5271, GG 3.

l'oncle de Suzanne, et Marie de Luns est la sœur de Pierre, père de l'enfant. Les usages immémorialement observés en ces matières appuient ces conclusions. Donc, Pierre de Luns est bien le fils de Simon, seigneur de Barbot.

Ici se place une objection : Si Simon de Luns et sa fille Marie, étaient huguenots, comment Marie de Luns eût-elle pu être marraine de sa nièce, née catholique et baptisée en l'église de Caplong. Est-ce qu'au contraire, ce ne serait pas une preuve très grave et très grosse de conséquences, que non seulement Marie de Luns épouse de La Rivière n'est pas la sœur de Pierre, père de l'enfant, mais même qu'ils ne sont pas parents? — Il n'en est rien ; l'explication en est même bien simple : En 1679, l'édit de Nantes n'était pas révoqué, et le contraire existait depuis 11 ans en 1696. On accompagna cette révocation de telles mesures de rigueur (les traces en subsistent dans les annales de Sainte-Foy trop longues à reproduire ici), que beaucoup de réformés suivant l'exemple donné 100 ans avant par le bon roi Henri, jugèrent que leur repos, leur sécurité, leurs biens, leur avenir, et le repos, la sécurité, les biens et l'avenir de leurs enfants valaient bien une messe : ils se convertirent. Il y allait pour eux de la vie, et la perspective de monter sur le bûcher, sans être préalablement étranglés, car tout le monde ne pouvait obtenir la faveur de l'être avant, comme Phelippe, leur souriait médiocrement.

Ce ne sont pas là propos en l'air. En 1685 et le 26 août, dans l'église de Sainte-Foy, M. Danglade, consul présidant l'assemblée tenue ce jour-là sur l'invitation de Mgr de Ris, l'intendant de la province, soumet aux assistants la proposition faite la veille

par cet intendant, consistant dans« l'invitation d'obéir
» aux intentions de Sa Majesté qui — dit le procès-
» verbal — désire la réunion de tous ses sujets dans
» la religion catholique » (1). Les assistants connais-
saient la signification précise de ce désir du roi
Louis XIV, inspiré par la toute-puissante Mᵐᵉ de
Maintenon.— Et tous, au nombre de 223, apposent leurs
signatures au bas du procès-verbal terminé par cette
phrase : « Tous les soussignés ont été d'avis d'em-
» brasser la religion catholique. »

Parmi les signataires on remarque : Isaac Mestre,
marchand ; Savinien Mestre ; Mathias Mestre ;
Mᵉ Jean Mestre, notaire ; Mathias Mestre, sieur de
Capelle ; Ellies Mestre avocat; autre Mathias Mestre.
J'avoue n'y avoir pas recherché le nom de de Luns. S'il
ne s'y trouve pas, il n'en faudrait pas conclure que
ses titulaires n'abjurèrent point. Toutes les abjura-
tions ne datent pas du même jour. On en trouve
encore en 1750. Il est bien certain cependant que
Marie de Luns, protestante en 1679 quand elle se
marie, est catholique en 1696, quand elle tient sa
nièce sur les fonts baptismaux de la paroisse de
Caplong. Donc, elle avait abjuré.

Autre argument : L'absence totale d'actes de
naissance des enfants de Françoys de Luns nés entre
1564 et 1573; de ceux de Simon de Luns, père de
Mᵐᵉ de La Rivière; de Pierre, frère de Simon et du
père de ceux-ci, fils de Françoys; cette particularité
accentue la probabilité de leur foi calviniste. Nous
avons vu ce dernier, officier du roi de Navarre en
1581 d'après le récit de Montaigne. En effet, les

(1) A. D. G. — ES 4994 — BB. 8.

réformés ne pouvaient valablement se marier entre eux ; les édits le leur défendaient aussi bien que de faire baptiser leurs enfants par les ministres de la réforme. Voici à ce sujet ce qu'on peut lire en tête des cahiers précités : « *Registres général de tous les* » *baptêmes et mariages contenus aux cahiers parti-* » *culiers des églises protestantes de la Basse Guyenne* » *et du Périgord.* » « On a fait la dite transcription » pour y avoir recours dans le cas où les cahiers parti- » culiers se perdraient, et comme il pourrait arriver » très facilement à cause de la persécution, estant » quelquefois obligés de fuir avec précipitation pour » se dérober à la poursuite des ennemis de notre » saincte religion. On n'a fait signer ny porter ny » parties ny témoins, attendu que les seings donnent » des indices et prises aux ennemis que par ce moyen » on évite ; il n'y aura donc que le pasteur qui signera».

Cette mention s'applique aux baptêmes et aux mariages de 1757 à 1763, soit plus de 80 ans après le mariage de Marie de Luns avec Pierre de La Rivière, et plus de cent ans après la naissance de son père. On juge par là de ce qu'il en pouvait être alors, et l'on comprend sans peine que les registres de cette époque soient perdus.

Parfois, on éprouve beaucoup de difficultés pour établir avec certitude que quelqu'un de ce temps-là est à un moment donné protestant ou catholique, ou pourquoi il apparaît tantôt l'un, tantôt l'autre. Le passage suivant, extrait des cahiers de baptêmes, mariages et sépultures de l'église Notre-Dame de Sainte-Foy pour l'année 1766, au mois de novembre (1)

(1) A. D. G. — E. S. 5176, GG 13.

en donne la raison : « *Les baptêmes, marqués d'une*
» *astérisque sont ceux d'enfants qu'on prétendait*
» *avoir été baptisés par les soi-disant ministres*
» *protestants. Ces enfants ont été baptisés à l'église*
» *par ordre du roi.* »

Donnons maintenant une idée des arguments
qu'on employait pour entraîner les convictions et les
conversions. Dans le cahier des baptêmes, mariages
et sépultures de l'église Saint-André de Capbeauze
tout près de Sainte-Foy (1) on lit encore : « Le sieur
» Lamothe, lieutenant de la maréchaussée venu à la
» tête de quelques cavaliers du régiment de Sales,
» dans cette paroisse, ainsi que dans celles des envi-
» rons le 18 novembre 1757, par ordre de M. le Maré-
» chal de Tourmont, commandant en chef de cette
» province, et M. de Tourny fils, intendant pour faire
» vérifier le désarmement général, *et faire porter à*
» *l'église*, tous les enfants qui n'y auraient pas été
» baptisés, il nous a fait porter l'enfant de Pierre
» Carié, lui faisant payer trente livres d'amende, et
» établi garnison de trois cavaliers pendant cinq
» jours chez Pagès dont le fils cadet qui se dit marié
» *au désert*, par un ministre, avait décampé avec sa
» prétendue femme et leur enfant, pour ne pas le faire
» porter à l'église pour y être baptisé. »

« Dans les autres paroisses il a fait payer quarante
» et cinquante livres aux réfractaires. »

« Le sieur Sorbier a fait de même depuis Bergerac
» jusqu'à Castillon. On a fait de même du côté de
» Clairac et de Tonneins. »

Arrêtons là ces citations. L'absence d'acte de l'Etat

(1) *Ibid.* 5185, GG 22.

civil en ce qui concerne les réformés est suffisamment justifiée ; elle établit d'autre part une quasi certitude de la foi embrassée par ceux auxquels elle s'applique. En résumé, ceux de cette époque dont on ne trouve pas l'état civil, sont des calvinistes pour la plupart.

Revenons maintenant à la question. Nous venons d'établir plus haut que Pierre de Luns, héritier de Simon de Luns, seigneur de Caufour est bien fils de Simon de Luns, seigneur de Barbot..

Il nous faut maintenant découvrir son oncle.

C'est l'évidence même, puisque ledit Pierre hérita de son propre cousin germain. Nous manquons ici, comme pour son frère, d'indications précises, et pour les mêmes raisons ; il avait été sans doute protestant comme lui. Comment s'appelait-il? Pierre, à notre avis. Le motif en est que protestants l'un et l'autre, les deux frères obéissant par la force des circonstances plus étroitement aux usages et aux rigueurs des temps, choisirent les parrains de leurs enfants l'un chez l'autre. Pour accomplir cette formalité, Simon s'adressa à son frère Pierre et voilà pourquoi son fils s'appela Pierre. Et Pierre eut recours à son frère Simon pour être parrain de son fils d'où le prénom de Simon donné à celui-ci.

Enfin, il existe encore une preuve sérieuse non seulement de la parenté de Simon et de Pierre, mais encore que le frère de Simon s'appelait bien Pierre. Ce sont leurs armoiries, relevées dans l'Armorial Général de la France (1), intitulé : « *Etat des armoi-* « *ries des personnes et Communautés ci-après, envoyées* « *aux bureaux établis par Me Adrien Vanier, chargé*

_____

(1) Armorial général 13e vol. Guyenne B. N. M. FR. 32206.

5

« *de l'exécution de l'Edit du mois de novembre 1696,*
« *pour être présentées à NN. SS. les Commissaires*
« *généraux du Conseil députés par S. M. par arrest*
« *des 4 décembre au dit an et 23 janvier 1697.*

C'est un ouvrage considérable, contresigné par
d'Hozier, terminé seulement vers 1710. On y voit que
Simon de Luns était bien en 1698 seigneur de Caufour,
paroisse de Thénac ; et que son frère Pierre, dont on a
omis d'indiquer la résidence, avait des armes identi-
ques aux siennes (1). Pierre et Simon, deuxième du
nom sont bien des cousins germains, fils de frères.

Ajoutons en terminant que le baptême dans l'église
Notre-Dame de Sainte-Foy en 1656 de Daniel de
Luns, fils de Simon et de Geneviève Lambert, démon-
trerait que l'abjuration de ses père et mère est antérieure à cette date.

§ 3. — *Lignée des Mestre*

Examinons, maintenant, comment les familles de
Luns et Mestre s'unirent. Cette fusion, l'on s'en souvient, n'est révélée d'une manière certaine que par
la procuration de Pierre de Luns donnée à son petit-
fils aîné Pierre Mestre en 1742. On sait encore que
ce Pierre Mestre épousa, vers 1680, demoiselle Suzanne
de Foussa, et bien que les registres de Caplong et de
Thénac ne mentionnent pas ce mariage la preuve nous
en est fournie par l'acte de naissance de leur fille
Marie de Luns, inscrit sur les registres de la paroisse

(1) Armorial général loc. cit. Voir pièces justificatives, n° 5.

de Caplong — 6 décembre 1696. — Nous ne reviendrons pas ici sur les explications données à ce sujet dans le précédent paragraphe ; il n'y a qu'à s'y reporter. Nous savons enfin que Marie de Luns eut une sœur : Suzanne qui épousa, vers 1716, Etienne Mestre, bourgeois. Comme la précédente, cette union est établie par la naissance d'un fils, Jean, arrivée à Caplong le 15 septembre 1720, déclaré fils d'Etienne Mestre et de Suzanne de Luns (1). Voilà la fusion faite.

Etienne Mestre et Suzanne de Luns eurent quatre enfants dont l'existence est prouvée. En eurent-ils davantage? C'est possible. Rappelons leurs noms.

1º Pierre, l'aîné, petit-fils de Pierre de Luns, qualité démontrée par la procuration de 1742, qui établit par conséquent d'une façon irrécusable et nous y insistons, que Suzanne de Luns descend de Pierre, fils de François.

2º Suzanne, devenue Madame Vallet de Cabeauze (2).

3º Marie, devenue Madame Gros (3).

4º Jean, enfin, qui épousa à Monségur, le 16 février 1751, demoiselle Louise Bourgoing (4). Ceux-ci comptèrent parmi leur progéniture Pierre, prénommé en famille Deluns né à Landerrouat, père à son tour de Françoise, prénommée en famille Josèphe, notre grand mère paternelle (5).

Cette filiation ne présente en général aucune

(1) E. C. Caplong GG. 5.
(2) Voir le tableau généalogique aux annexes nº 8.
(3) Ibidem.
(4) Ibidem.
(5) Ibidem.

obscurité ni ne soulève aucun doute. S'il y manque parfois sur un nom, un ou plusieurs des trois actes fondamentaux prescrits par les lois pour établir l'identité, ils sont remplacés par des faits et des particularités tels, qu'ils aboutissent à la certitude.

Cependant quelques développements sont nécessaires précisément pour expliquer comment, à défaut de ces actes, on parvient à établir une filiation certaine.

Occupons-nous d'abord d'Etienne Mestre et de Suzanne de Luns puisqu'ils sont les premiers auteurs connus ; les racines mêmes de l'arbre généalogique de cette lignée.

Nous le répétons, leur mariage, vers 1716, est révélé en premier lieu par l'acte de naissance de leur fils Jean, arrivée à Savignac-de-Duras, le 15 septembre 1720. Il l'est encore par l'acte de mariage à Caplong en 1744, de leur fille Marie avec Gros de Duras, grâce à cette circonstance que son frère Jean figure parmi les témoins, car cet acte ne dit pas de qui l'épouse est fille.

L'absence d'acte du mariage Mestre-Deluns soulève aussitôt la présomption que lors de son union, Etienne Mestre appartenait à la réforme, comme son beau-père. Né protestant, pas d'acte de naissance: on naissait au désert ; les noms de ses père et mère restent donc inconnus. Autant de particularités à l'appui de cette opinion. On se mariait aussi au désert ; d'où les mêmes conséquences.

On a vu dans le paragraphe précédent que parmi les 223 huguenots qui abjurèrent le 26 août 1685 à Sainte-Foy, figurent plusieurs Mestre ; on en compte 7. Mais d'autres calvinistes portaient encore ce nom en 1705, et spécialement, un Etienne Mestre. On trouve en effet, dans les archives de la Bibliothèque de Bordeaux (1) section des manuscrits, une lettre datée de Sainte-Foy le 28 mars 1705, adressée à l'évêque d'Agen François-Hébert par quatre protestants de cette ville, réclamant leurs filles enfermées de vive force depuis plusieurs jours dans le couvent des filles de la Foy de cette paroisse, par ordre de l'intendant de la province. Cette lettre est d'une touchante naïveté. Or, parmi les signataires se trouvent deux Mestre, dont l'un est prénommé Etienne. Celui-ci pourrait bien être le père de notre trisaïeul époux de Suzanne de Luns. Il y a mieux encore, Pierre Mestre, petit-fils aîné de Pierre de Luns, se maria le 10 juillet 1744 avec Marie Gaussens de la paroisse Sainte-Foy ; et si son mariage est transcrit sur les registres de l'église catholique de Caplong (2), ainsi que la naissance de sa fille Marie du 10 avril 1745 (3); il eut une seconde fille, Marie, née le 31 mai 1748, décédée le 19 mars 1750, baptisée et inhumée protestante (4). Une troisième fille, Suzanne, née le 9 juin 1753 (5) et un quatrième enfant, Jean Etienne, né le 14 mars 1758 (6) sont baptisés protestants. Tous ceux-ci sont inscrits sur les registres des protestants. Le dernier fut présenté au baptême par Etienne Mestre, lieutenant au régiment de Normandie, le même auquel on refusera la sépulture pour cause

(1) B. B. 411 B. no 62. Voir aux pièces justificatives no 4.
(2) E. C. Caplong GG 7.
(3) *Ibid.*
(4) A. M. Sainte-Foy GG 10.
(5) *Ibid.* GG 11.
(6) A. M. Sainte-Foy, E. S. 5216, GG 53.

d'hérésie en 1778 (1). Et cet enfant est bien déclaré fils de Pierre Mestre, *seigneur de Caufour* et de Marie Gaussens, de la ville de Sainte-Foy « a présent audit lieu de Caufour »., lit-on sur le registre. Qu'en conclure, sinon que le mariage fut célébré dans l'église de Caplong parce que l'un des époux au moins professait la religion catholique. Serait-ce la femme? Non, tous les Gaussens se trouvent sur les registres protestants. C'était donc le mari, converti sans doute sous la pression exercée par les gens d'église et du roy, mais resté au fond fidèle à la foi de ses pères. Or, ce Pierre Mestre, seigneur de Caufour en 1752, n'est autre que *le petit-fils aîné*, ne l'oublions pas, de Pierre de Luns, seigneur de la Roque et de Caplong, héritier pour partie de Simon de Luns, sieur de Caufour, son cousin germain mort en 1742. On se souvient du mandat donné la même année par Pierre de Luns à son petit-fils, aîné, pour recueillir la succession de Simon de Luns son cousin germain.

On voit tout de suite par là que c'est par son grand-père maternel, Pierre de Luns, que Pierre Mestre devient lui-même sieur de Caufour. La comparaison des dates et des âges le confirme : Pierre Mestre né vers 1718 avait 40 ans en 1758, il pouvait donc être réellement le père de Jean-Etienne.

Donc, il est bien démontré que les auteurs directs du grand-père maternel de notre père, ou du moins quelques-uns d'entre eux furent calvinistes.

Cependant, il n'est pas non plus douteux, que s'il existait encore en 1758 des Mestre protestants notre branche est entièrement catholique dès avant 1720.

(1) A. D. G. — E. S. 5231-GG. 68.

Il nous reste aussi à dissiper une confusion qui paraît exister relativement à notre arrière-grand-père Pierre Deluns-Mestre, fils de Jean et de Louise Bourgoing. Est-il réellement né à Landerrouat vers 1753? Est-ce bien aux environs de cette année qu'il vint au monde? Ne serait-ce pas au contraire le même que Pierre né à Savignac de Duras en 1759 et baptisé à Landerronat (1) Nous l'avons cru pendant longtemps ; mais après examen, nous sommes d'avis qu'ils ont existé tous les deux. Et d'abord, il importe peu à la sincérité de la filiation que notre aïeul soit né en 1753 ou en 1759 ; qu'au lieu de deux Pierre il n'y en eut qu'un, issu du mariage de Jean Mestre avec Louise Bourgoing. Ils sont, ou il est fils de ceux-ci, c'est là l'important. Aucun acte de naissance relatif à l'un ou à l'autre n'existe pas plus à Landerrouat, canton de Pellegrue, qu'à Landerrouet canton de Monségur. Pour élucider ce point nous avons trois documents officiels qui se contredisent non moins officiellement. Ce sont : 1º L'acte de mariage de Pierre Mestre avec Jeanne Villatte du 5 février de l'an II de la République (2) inscrit sur les registres d'Allemans-du-Dropt ; il y est porté âgé de 33 ans, né à Savignac-de-Duras. Le 5 février an II correspondant au même jour de l'année 1794, Pierre Deluns-Mestre serait donc né en 1761. Aucune naissance n'existe à cette date pas plus à Savignac, qu'à Landerrouat ou à Landerrouet.

2º Son acte de décès inscrit à la mairie d'Eymet le 6 décembre 1839 : il y est déclaré âgé de 86 ans, né à Landerrouat, canton de Duras.

(1) E. C. Savignac de Duras.
(2) E. C. Allemans.

La naissance remonterait donc à 1753.

3° Enfin un acte du 7 nivôse 1793, c'est-à-dire du 27 décembre de ladite année, inscrit sur les registres d'Allemans-du-Dropt, nous apprend que le 3 frimaire — 34 jours avant — naquit dans ce bourg, Marguerite Mestre (1), fille de Pierre et de Jeanne Villatte et qu'elle mourut à Duras le 10 frimaire, 7 jours après sa naissance (2).

Or, Pierre Mestre, le père déclarant, y est porté âgé de 42 ans. S'il accusait cet âge fin décembre 1793 il ne pouvait pas être plus jeune de 10 ans en février 1794, jour de son mariage avec Jeanne Villatte.

L'erreur commise existe donc sur son acte de mariage plutôt que sur l'acte de naissance de sa fille. Cependant, remarquons-le, s'il avait 42 ans en 1793, il serait né en 1751 ou en 1752. Eh bien ! toutes ces dates sont fausses, et d'autres plus certaines le prouvent. En 1751, le 14 septembre, naît sa sœur Marguerite. En 1752, le 29 septembre, c'est son frère Guillaume. En 1760, le 25 novembre c'est sa sœur Marie. Il porte le prénom de Deluns, donc c'est l'aîné dira-t-on ; non, c'est Guillaume déjà cité, décédé en 1781. Pour qu'il le fût, il faudrait que sa naissance remontât à 1750. Chose impossible ; le mariage de ses père et mère étant du 16 février 1751. L'aînée, Louise-Marguerite, ou simplement Marguerite, vint au monde 7 mois après.

Entre le 14 septembre 1751 et le 29 septembre 1752 il n'y a pas place pour deux gestations. Il eût bien pu naître entre le 22 mars 1759, jour où naquit

(1) E. C. Allemans du Dropt.
(2) Ibid.

son homonyme, et le 25 septembre 1760, jour de la naissance de sa sœur Marie, mais il faudrait alors admettre qu'une des deux gestations n'a duré que six ou sept mois. Et encore cette date ne cadre pas avec l'acte de mariage du 5 février 1794.

Les années 1750-1751-1752-1760 étant écartées, il ne reste plus que 1753-1759-1761. La première est d'accord avec son acte de décès, la troisième avec son acte de mariage. La seconde ne l'est avec aucun des deux. Dans le premier cas il fût mort à 86 ans, comme le dit son acte de décès. A 80 ans s'il est né en 1759 et à 78 seulement si l'on opte pour l'âge indiqué dans l'acte de mariage.

1753 semble la date de naissance la plus probable, aussi l'adoptons-nous par les motifs suivants :

1º Elle concorde exactement avec son acte de décès et si quelqu'un devait connaître son âge mieux que personne, c'était sa veuve.

2º Elle n'est contredite par aucune des dates certaines plus haut enregistrées.

3º Parce que pas plus sur les registres de la commune de Landerrouat que sur ceux de la commune de Landerrouet, il n'existe d'acte constatant la naissance d'un Mestre quelconque à ces dates.

4º Parce que, si bien il est constant qu'un Pierre Mestre né à Savignac-de-Duras le 22 mars 1759 fut baptisé le lendemain à Landerrouat, il n'en existe aucune mention sur les registres de cette paroisse, mais seulement sur ceux de Savignac-de-Duras, et que, s'il fût né à Landerrouat, c'est le contraire qui eut dû se produire.

On objectera peut-être qu'on a confondu dans son acte de décès le lieu de baptême avec le lieu de la naissance, erreur sans importance ; donc il s'agirait bien de Pierre né en 1759. L'argument ci-après va précisément répondre.

5° Enfin parce que s'il avait 33 ans, lors de son mariage en deuxièmes noces en 1794, il en eut compté à peine 21 quand il épousa Marie Castaing de la Grâce en premières noces et sa naissance remonterait à 1761, or il n'en existe pas à cette date.

Cette hypothèse, vraisemblable s'il s'agissait d'une femme ne devient guère soutenable quand elle s'applique à un homme. Guillaume son fils aîné mourut en 1785, un an après ses frères jumeaux nés en 1784. Guillaume l'aîné, vint donc au monde en 1783 au plus tard. Son père serait donc marié en 1782, comme nous l'avons dit plus haut ; c'est-à-dire à 21 ans. En admettant qu'il s'agisse de Pierre né en 1759, il n'eut à peine compté que 23 ans ; l'invraisemblance n'en faiblit guère, mais alors l'acte de mariage en deuxièmes noces aurait dû porter 35 ans et non point 33.

Cependant, d'après cet acte de mariage, il s'agit bien de Pierre Mestre, né à Savignac de Duras. Or un seul y est né, et ce, en 1759. — On lit en effet dans cet acte : « Et après avoir donné lecture de *l'acte* « *de naissance Pierre* Mestre qui constate qu'il est « né à Savignac de Duras du légitime mariage de Jean « Mestre Loubarède et de Louise Bourgoing...... » Plus d'objection possible sur le lieu de la naissance après cette lecture. Mais la date de cette naissance reste toujours imprécise; le rédacteur a omis de la transcrire. Pourquoi oublie-t-il précisément une particularité aussi essentielle? Disons-le : Cette omission paraît concertée.

Les actes de l'état civil, à Allemans du Dropt en 1794 n'affluaient pas plus qu'aujourd'hui. Entre le 27 décembre 1793 jour où furent constatés la naissance et le décès de Louise-Marguerite, et le 5 février 1794, date du mariage Mestre-Villatte, 40 jours à peine se sont écoulés. Pendant ce court laps de temps, le nombre des actes de l'Etat Civil à transcrire n'était pas tellement considérable, qu'il effaçât de la mémoire du transcripteur celui du 27 décembre. Dans une si petite commune, une naissance, un mariage, un décès, sont autant d'événements. L'acte de naissance de Louise-Marguerite devait donc être encore présent à la mémoire de l'officier de l'Etat Civil le 5 février 1794, 40 jours après, quand il transcrivit l'acte de mariage du père et de la mère de cette enfant. Surtout en raison des circonstances peu ordinaires dans lesquelles il fut rédigé. L'officier de l'Etat Civil y dut avoir vraisemblablement recours pour se documenter sur les noms, prénoms, profession et âge des parties, et alors on comprend pourquoi l'erreur fut sciemment commise.

Il s'agissait du mariage d'un veuf de plus de 40 ans et d'une veuve de 34. Et dans ce pays plus que partout ailleurs les secondes noces sont tournées en ridicule quand l'un des époux surtout a dépassé la quarantaine.

L'amour-propre et l'horreur du charivari triomphèrent. Et l'on comprend aussi pourquoi l'officier de l'Etat Civil transcrivit presque complètement l'acte de naissance placé sous ses yeux, omettant opportunément sa date.

On peut alléguer, à la décharge de cet édile qu'il y eut erreur, erreur forcée dans l'acte de naissance produit. Aucune naissance ne figurant en effet sur les registres de Savignac-de-Duras en 1753-1760 et 1761, on présenta l'acte de 1759, s'appliquant à un Pierre Mestre, fils de Jean et de Louise Bourgoing. Or l'époux s'appelait Pierre et affirmait avoir vu le jour à Savignac-de-Duras. Eh bien ! en admettant cette hypothèse — et nous la croyons absolument vraie — l'acte de mariage commet encore une erreur sur l'âge réel de l'époux : il ne devrait pas porter 33 mais 35 ans.

Concluons : lors de son convol en secondes noces, Pierre Mestre avait environ 42 ans. On ne trouvait pas à une date correspondante, son acte de naissance à Savignac-de-Duras, où il affirmait avoir été mis au monde, et on se servit alors de celui de son frère prénommé Pierre comme lui. N'oublions pas que nous sommes en pleine période révolutionnaire. Mais alors, que devint Pierre, né en 1759? Peu importe : en adoptant 1753 pour la date vraie nous sommes d'accord avec l'acte de décès, dressé sur les indications de la veuve ; avec les mœurs et les usages, et enfin avec l'âge marqué dans l'acte de naissance de Marguerite, du moins très approximativement.

Reste une dernière contradiction à effacer et nous en aurons fini avec toutes les objections qu'on pouvait soulever. Elle concerne Jean Mestre, né à Duras en 1787, décédé à Allemans-du-Dropt en 1856 à l'âge de 70 ans, frère de Pierre Deluns Mestre, grand-père des enfants Montaud et de notre propre père. Il est prénommé Pierre au lieu de Jean dans son acte de décès. L'âge qu'on lui donne dans ce dernier document correspondant exactement avec la date de la naissance de Jean, il faudrait pour contester l'identité de ce membre de la famille, admettre — bien mieux — démontrer qu'il y eut deux enfants Mestre nés le même jour en 1787. Hypothèse inadmissible, à moins qu'il ne s'agisse de deux frères jumeaux dont un seul eut été déclaré. Particularité aussi inadmissible, car si le cas se fut produit et nous en connaissaons des exemples, on n'eut pas fait disparaître celui dont on dissimulait la naissance. La famille occupait une situation trop en vue, elle était trop connue pour qu'on n'eût pas constaté l'existence de cet enfant.

Donc Pierre et Jean ne font qu'un.

DEUXIÈME PARTIE

Ligne maternelle

PRÉLIMINAIRES

La ligne maternelle présente moins de compli-cations. Il en faut rechercher l'unique cause dans l'absence de documents. Cependant les registres d'Allemans en portent des traces aussi anciennes qu'eux-mêmes. Ceux-ci ne remontent pas au-delà de 1622 (1). Ils nous apprennent que, le 26 mars 1697, on inhuma dans le cimetière de la paroisse Pierre Baritaud, âgé de 80 ans, et nous font remonter ainsi à 1617.

Avant d'aller plus loin, il importe de faire remarquer que les registres de cette paroisse contiennent des lacunes analogues à celles que nous avons constatées en parcourant ceux de la ligne paternelle. Ils ont été tenus avec la même négligence. On y rencontre une concision qu'on ne retrouve nulle part. C'est l'œuvre du curé Perret. En une seule ligne, il transcrit une naissance, un décès, même un mariage. C'est un record. De plus, des registres entiers et des fractions de registres ont disparu : du 26 août 1652 au 25 octobre 1654 pas de registres. Ceux des années 1668-

(1) Il n'y eut de registres qu'à partir d'Août 1602. *Mémoires de Nicolas de Villars, évêque et comte d'Agen, A. D. L. et G. — série G. — c. 2.*

1669, 1670, et 1671 jusqu'au mois de septembre manquent. Il en est de même pour le temps écoulé entre septembre 1673 et janvier 1674 ; et plus récemment encore, de mai 1759 à janvier 1761.

Au dos du registre de l'année 1666, on peut lire la curieuse note suivante :

« 8 Septembre 1760. Baptême de Martial Bariteau, « fils de Jean Bariteaud dit Pincou et de Suzanne « Micheleau. Il a été omis d'être inscrit sur son re- « gistre. » Et le rédacteur omet à son tour la date de la naissance.

Cette note permet d'apprécier à quel degré d'incurie étaient arrivés les curés des paroisses dans la tenue de ces registres, soumis cependant au contrôle des gens du roi.

Il n'est pas rare de rencontrer une naissance ou un décès ne mentionnant pas le nom du nouveau-né ou du défunt.

Le curé Florent écrit ceci au pied d'un registre : « L'original étant égaré, j'en fais ici une copie. » Quelle garantie de fidélité révèle une telle *copie* « faite de mémoire ». Et on s'est si peu donné la peine de rechercher l'original que celui-ci existe encore dans les archives, à l'état de pièce détachée et c'est la copie « faite de mémoire » qui est reliée.

Terminons par cet exemple d'acte concis : « *Une fille du parisien naquit le* 11 *janvier* 1723 (1). »

Dans tous les cas assez nombreux où les preuves matérielles font défaut, j'aurai donc recours aux probabilités, mais non point sans les avoir auparavant longuement étudiées et sans en avoir éprouvé la

(1) E. C. Allemans.

quasi certitude, par la comparaison de diverses
combinaisons généalogiques.

Donc, j'ai cru devoir donner plus haut un rapide
aperçu des irrégularités que j'ai rencontrées dans les
recherches, des lacunes qui ont été comme autant
d'obstacles élevés sur ma route afin de démontrer
que si j'ai eu recours aux probabilités à défaut de
documents c'est pour établir et faire concevoir aussi
que mon option pour tel Baritaud de préférence à tel
autre s'appuyait sur une filiation découlant plus naturellement des actes empruntés, ou sur des indications prises dans des documents auhtentiques venant
confirmer cette filiation. J'ai donc pris soin de tenir
compte, non seulement des dates mais de l'âge, afin de
ne pas donner à un nouveau-né un père et une mère
trop vieux ou trop jeunes. Du reste ces probabilités
sont mises à contribution pour les années antérieures à 1755 seulement et quand il n'y eut pas
d'autres moyens à ma disposition.

Entre 1617 et 1790, beaucoup de familles portèrent
le nom de Baritaud à Allemans, à Duras, à Saint-
Sernin et dans les environs.

Entre 1650 et 1665 deux familles s'appelaient
ainsi dans la paroisse d'Allemans : Jean Baritaud,
marié à Anne Blanchard et les époux Jean Baritaud-
Marthe d'Allemans. Il en existait probablement d'autres. Cette probabilité devient une certitude dans la
période comprise entre 1690 et 1705. Par les actes de
baptêmes relevés, on constate l'existence de cinq
foyers portant ce nom dans la paroisse : Baritaud-
Expert, Baritaud-Encognères, Baritaud-Chasteau,
Baritaud-Clari, Baritaud-Guitton. Les dates ci-
dessus indiquent suffisamment que ce ne peut être

là des descendants les uns des autres, mais autant de branches, de troncs divers. C'est beaucoup pour une agglomération ne comptant pas alors 400 habitants (1).

Entre 1735 et 1760 on trouve encore cinq souches différentes : Baritaud-Lagroye, Baritaud-Paris, Baritaud-Chadourne (la nôtre), Baritaud-Micheleau, Baritaud-Bonnefon.

Cinq encore dans la période écoulée entre 1787 et 1795 : Baritaud-Mateyrolles, Bariteau-Birabeau, Baritaud-Perpezat (la nôtre), Bariteaud-Bonnefon, Baritaud-Dumas.

Les registres contiennent les noms de quarante descendants de ces unions. Il n'est donc pas surprenant que, malgré les irrégularités, les lacunes et les disparitions de registres, on puisse noter la naissance ou la preuve de la naissance de plus de soixante Baritaud des deux sexes, qui paraissent parents entr'eux en ligne directe ou collatérale, et ceci dans une période de 178 ans : de 1617 à l'an III.

Les uns sont propriétaires ou cultivateurs, d'aucuns artisans, d'autres bourgeois.

Le 13 septembre 1735, un Jean Baritaud, est parrain de Marie-Anne de Bardonin de Sansac, fille de Noble Charles François de Sansac, seigneur d'Allemans.

En 1736 et le 13 juillet on inhumait dans l'église de la paroisse, un autre ou peut-être ce même Baritaud âgé de 75 ans.

En 1746, un troisième Jean Baritaud décède ; il est qualifié marguiller âgé de 70 ans. Ce sont là sans

(1) En 1770, Allemans se composait de 82 feux. (Expilly Dᵣₒ Géographique. En 1789, 450 communiants. Abbé Durengues. Pouillé historique du diocèse d'Agen. B. N. L. k 3-1321.

doute deux frères ; l'aîné ayant 15 ans de plus que l'autre, cas fréquent à cette époque où les familles de 7 et 8 enfants ne sont pas rares et où l'on voit des fécondités durer 18 et même 21 ans. Il y en a un exemple dans la ligne paternelle : Louise-Marguerite Mestre, fille d'Etienne et de Louise Bourgoing naquit le 14 septembre 1751 et sa sœur Catherine le 21 mars 1769.

Et l'on en peut voir un autre dans celle-ci même : Le premier-né du mariage de Jean Barilaud notre bisaïeul avec Marthe Chadourne est de 1757 et le dernier, Pierre (le dixième) de 1778.

CHAPITRE Ier

Branche paternelle

Après ce court préliminaire, passons à l'établissement de la généalogie de cette ligne, en commençant par la branche paternelle.

Pierre Baritaud, décédé en 1697, à 80 ans, et par conséquent né en 1617, se maria vers 1647, c'est-à-dire à l'âge de trente ans avec Anne Blanchard. Trois enfants, sinon davantage naquirent de cette union ; du moins leur naissance est-elle constatée dans les registres de la paroisse d'Allemans :

Pierre en 1662 ;

Jean en 1664 ;

Autre Pierre en 1667.

Pierre l'aîné, eut pour fils Jean, décédé à 65 ans en 1755, il était donc venu au monde en 1690, époque à laquelle son père avait 28 ans.

Jean se maria vers 1720 ; il eut pour fils Jean, troisième du nom, qui se maria à son tour vers 1755, soit à 33 ans, avec Marthe Chadourne ; sa naissance remonte donc à 1722. Dix enfants leur durent l'existence, le premier en 1757 et le dernier en 1778 (1).

Le cadet, Jean, né en 1759, épousa Marie Perpezat vers 1790, soit à l'âge de 21 ans ; il en eut 6 enfants

_____

(1) Voir tableau généalogique, annexe n° 8,

dont l'un d'eux Jean, exclusivement connu sous le prénom d'Antoine, venu au monde le 10 fructidor, an III, s'unit en 1816, c'est-à-dire à l'âge de 21 ans à Jeanne Chatard. Ce sont là nos grands-parents maternels.

De ce mariage naquirent :

Françoise en 1817, notre tante, connue sous le prénom de Baritaude.

Et autre Françoise, notre mère, prénommée en famille Justine et connue sous ce seul prénom ; celle-ci épousa notre père en 1850.

Il nous reste maintenant à justifier cette généalogie.

Elle se divise naturellement en deux branches : La branche paternelle et la branche maternelle ; celle-ci très courte, faute de documents.

Nous adopterons la même division que pour la ligne paternelle, c'est-à-dire que dans un premier paragraphe nous traiterons de la filiation pendant le période dans laquelle les preuves matérielles manquent ; et dans le second, la généalogie appuyée sur les actes de l'Etat Civil ne laissant place à aucun doute.

§ 1er *Généalogie Baritaud de 1617 à 1755*

Preuves et Sources

Nous savons déjà, par le contexte des registres, antérieurs à la loi réglementant la formule des actes de l'Etat Civil que, seules les inscriptions de baptêmes contiennent l'indication des noms des père et mère, et encore en trouve-t-on beaucoup où elle manque totalement ou en partie. Dans les mariages et les décès ils sont généralement omis.

De toutes les naissances relevées entre 1622, époque où commencent les registres, et le 8 septembre 1662, jour du baptême de Pierre Baritaud, fils de Pierre et d'Anne Blanchard (1), une seule peut s'appliquer à son père : C'est celle de Pierre, décédé en 1697, âgé d'environ 80 ans (2), et par conséquent né au plus tard en 1617. Les registres ne mentionnent aucune naissance de Baritaud antérieure à 1662 ; celles que j'ai placées entre cette date et 1617 l'ont été en prenant pour base de probabilité l'âge des personnes dont l'inhumation figure sur les registres ; ou sur les mariages qui y sont également transcrits. Rappelons à ce sujet qu'ils manquent pendant cinq ans de cette période. Quoi qu'il en soit, en dehors de Pierre Baritaud, une seule des dates étudiées et choisies pourrait faire douter que le père de Pierre, né en 1662, soit Pierre né en 1617 ; c'est celle du décès de Jean Baritaud, arrivé à l'âge de 70 ans le 8 octobre 1711 (3). Sa naissance se placerait donc en l'année 1641. Dans le premier cas, le père aurait eu 45 ans lors de la naissance de cet enfant et 21 seulement dans le second. Cette dernière hypothèse présente infiniment moins de probabilité que la première. Pour qu'il en fut autrement, il eût fallu que Jean Baritaud dit Pincou se mariât à 20 ans. On objectera peut-être que Pierre Baritaud et Anne Blanchard en ayant eu un autre vers 1667 (4), Pierre né en 1617 se-

(1) E. C. Allemans.
(2 et 3) *Ibidem.*
(4) E. C. Allemans.

rait bien vieux pour être son père. Cet argument a
sa valeur, mais à cette époque surtout il n'est pas
rare qu'un homme de 50 ans procrée. Si nous songeons
que celui-ci vécut 30 ans encore, cette paternité ne
nous paraîtra pas anormale. Il est donc infiniment plus
probable que Pierre Baritaud ait procréé à 50 ans,
que Jean Baritaud, dit Pincou, se soit marié à 20 ans.

Un autre motif de douter s'offre encore à l'esprit.
Rien ne prouve en effet que l'ancêtre réputé tel soit
né à Allemans-du-Dropt ou que, y étant né, il s'y
soit marié. Je l'accorde sans difficulté, mais si l'on
tient compte des mœurs du temps on reconnaîtra
sans hésiter, en s'appuyant même sur les registres,
que les gens se déplaçaient alors bien peu et que les
changements de résidence, les mariages même con-
tractés au loin étaient rares. Rien ne les favorisait;
ni l'industrie, ni le commerce inconnus de presque
la totalité de la France ; ni les facilités de commu-
nications, car il n'y avait ni routes ni chemins ; ni
encore les moyens de gagner sa vie. Comment justifier
alors l'absence du nom de Baritaud sur les registres
de 1622 à 1662, soit pendant 40 ans?

D'abord, plus de deux années de cette période
manquent (26 août 1652 au 25 octobre 1654) ; ensuite,
les registres ne remontant qu'à 1622 la naissance de
1617 ne saurait s'y trouver. Mais en admettant que
les Baritaud décédés à 57 et 70 ans en 1736 et 1746 (1)
ne soient pas nés à Allemans, de même que ceux qui
s'y sont mariés en 1690 et 1691, la filiation établie
n'en serait pas pour cela entachée d'erreur.

Allons plus loin : Pierre Baritaud, né en 1617, dut

(1) E. C. Allemans.

se marier vers 1647, ou même si l'on veut entre 1645 et 1652 et les registres d'Allemans n'en font pas mention parce que la célébration eut lieu ailleurs, dans une paroisse voisine car ce n'était pas là changer de résidence, témoin notre arrière grand-père qui épousa Marie Perpezat et dont le mariage ne figure pas sur les registres d'Allemans. Enfin parce qu'il se pourrait que l'installation de la famille Baritaud à Allemans fut postérieure à 1662. Mais la cause imputée à l'absence et à l'irrégularité des registres nous semble plus vraie. Toutes ces suppositions vraisemblables, prouvent moins que Pierre né en 1662 ne soit pas le fils de Pierre né en 1617 que les déductions tirées plus haut du concours des dates, des mœurs et des habitudes prouvent qu'il le soit. Et si l'on tient compte, insistons-y, des lacunes et des irrégularités des registres, l'affirmation tout en restant hypothèse n'est détruite par aucun fait, aucune circonstance, aucune particularité probante contraire. Donc Pierre Baritaud né en 1662, peut être tenu pour le fils de Pierre né en 1617 et d'Anne Blanchard.

En terminant l'argumentation sur ce point, nous ferons observer ceci : Rien ne prouve que Pierre Baritaud soit le fils aîné de Pierre et d'Anne Blanchard. Ceux-ci sont supposés s'être mariés entre 1642 et 1652, et Pierre n'est né qu'en 1662, 10 ou 20 ans après. On voit que nous ne ménageons pas les objections. Il suffit, pour y répondre, de se souvenir qu'entre 1662 et 1667, ils eurent trois enfants, et que si Pierre les a créés, alors qu'il avait 45 à 50 ans, rien ne fait obstacle à ce qu'il en eut créé entre 25 et 35 ans. Cette circonstance, viendrait seulement à l'appui de cette hypothèse que Pierre Baritaud ne naquit ni ne se maria à Allemans. Encore faut-il retenir que cette particularité n'infirmerait en rien l'exactitude de la généalogie, et que du 26 août 1652 ou 25 septembre 1654, il n'y a pas de registre.

Passons maintenant à la descendance de son fils Pierre. Nous supposons qu'il dut se marier entre 1687 et 1697, soit entre 25 et 35 ans. Or les registres contiennent à la date du 1er octobre 1755 le décès d'un Jean Baritaud, âgé de 65 ans (1). Il serait donc né en 1690. Son père peut parfaitement bien être Pierre Baritaud, fils de Pierre et Anne Blanchard. Nous lui donnons pour fils Jean, marié vers 1755 à Marthe Chadourne et nous allons constater ici combien l'hypothèse se précise et se transforme en certitude. Petit-fils de Pierre né en 1690, il se maria selon notre opinion, comme son père, aux environs de sa trentième année — mettons en 1720 ou 1721 — et eut en 1722 celui qui devint l'époux de Marthe Chadourne vers 1755.

En effet, à la date du 3 octobre 1782 figure le décès de Jean Baritaud, ancien militaire, âgé de 60 ans, époux de Marthe Chadourne (2). Sa naissance date donc bien de 1722 et correspond exactement à celle de la naissance de l'arrière petit-fils de Pierre Baritaud, l'auteur commun, l'ancêtre.

Nous touchons au but, c'est-à-dire au moment précis où les conjectures font place à la certitude absolue.

(1 à 2) E. C. Allemans.

§ 2e *Généalogie Baritaud de* 1755 *à* 1850

Preuves et Sources

Jean Baritaud, venu au monde en 1722, qui épousa vers 1755, à l'âge de 33 ans, Marthe Chadourne, est bien l'ancêtre. En voici la démonstration : Parmi les dix enfants issus de ce mariage (1) figurent en tête, Anthoine le 8 mars 1757 (2), et Jean le 14 janvier 1759 (3). Or le 7 germinal, an II, (27 mars 1794) (4) les registres mentionnent le baptême à Allemans d'Anthoine Baritaud né le 3 nivôse, fils d'Anthoine âgé de 36 ans et de Marie Perpezat ; et le 10 fructidor, an III, (5) (27 août 1795), la naissance de Jean Baritaud, notre grand-père maternel fils d'Antoine âgé de 37 ans et de Marie Perpezat âgée de 34 ans. Ces deux documents fixent bien l'âge du père : 36 ans en 1794 ; 37 ans en 1795. Donc il serait venu au monde en 1758 et non en 1757, date de la naissance d'Antoine Baritaud.

En réalité, Jean Baritaud a toujours été connu sous le prénom d'Antoine, de même que son fils Jean, notre grand-père. Comme dans le cas analogue, rencontré dans la ligne paternelle, faisons remarquer qu'il importe peu à l'exactitude de la filiation qu'il s'agisse de l'un ou de l'autre frère, issus tous les deux des mêmes auteurs.

Jean né le 14 janvier 1759 n'avait pas 35 ans révolus

(1) Antoine, 8 mars 1757. — Jean, 14 janv. 1759. — Marie, 8 avril 1760. — Jean, 21 janv. 1763. Marie, 8 avril 1768. — Jean, 5 octobre 1770. — Simon, 1er av. 1774. — Jeanne, 20 janvier 1776. — Marthe, 1er juillet 1777. Pierre, 6 septembre 1778.

(2 à 5) E. C. Allemans,

le 3 nivôse 1793 jour de la naissance de son fils Anthoine, mais il poursuivait le cours de sa 36ᵉ année
depuis le 14 janvier 1794, quand le 7 germinal c'est
à-dire le 27 mars, an II, il en fit la déclaration à la
mairie. Entre la naissance et l'acte la constatant
3 mois s'étaient écoulés. Et, le 27 août 1795 jour de
la naissance de Jean, il était dans sa 37ᵉ année depuis
le 14 janvier précédent. Malgré la différence de prénoms, il ne saurait s'élever un doute sur son identité.

Un autre Jean Bariteaud, fils de Jean et de Suzanne
Micheleau naquit bien en 1758, et cette date corres-
pondrait encore à l'âge donné au père des Baritaud
nés en l'an II et en l'an III, mais ici la tradition inter
vient pour repousser cette hypothèse. Ma grand-mère
nous a souvent répété que la grand-mère de son mari
était une Chadourne. C'est là une précision rejetant
comme inexacte la filiation des Baritaud-Micheleau.

Dans le chapitre suivant, la tradition sera confirmée
par un fait très suggestif: c'est la possession par notre
aïeul de terres et de maisons provenant de la famille
Chadourne.

Enfin, et pour n'échapper à aucune objection, en-
visageons la contradiction qui existe entre les actes
de naissance précités dans lesquels les enfants sont
déclarés issus d'Anthoine Baritaud et de Marthe Chadourne et l'acte mariage de ceux-ci dans lequel le
mari est prénommé Jean au lieu d'Antoine.

Cette contradiction n'est qu'apparente: à moins
de démontrer qu'il y avait du même âge deux Marthe
Chadourne, mariées à deux Baritaud différents, ayant
mis au monde dans la même petite paroisse un enfant
du même sexe, nés tous deux le même jour, auxquels
on eut donné le même prénom, on est bien obligé d'ad-

mettre qu'une erreur fut commise à propos du prénom du mari. Erreur fréquente du reste, renouvelée dans les actes relatifs à notre grand-père.

A l'égard de celui-ci en effet, nous nous trouvons encore une fois en présence d'une confusion de prénoms.

Après avoir établi que l'époux de Marie Perpezat est bien le fils de Jean Baritaud et de Marthe Chadourne, il faut démontrer que Jean Baritaud fils d'Antoine et de Marie Perpezat n'est autre qu'Antoine Baritaud fils du même, devenu époux de Jeanne Chatard.

Du mariage de Jean ou d'Antoine Baritaud avec Marie Perpezat, naquirent à Allemans :

1º Vers 1791, Anthoine, je dis *vers* sans préciser davantage parce que sa naissance n'est révélée que par son décès arrivé le 6 thermidor an II, et dont voici la transcription littérale à cette date: « Décès de « Jean Bariteau âgé de deux ans, fils d'Antoine. »

Pourquoi sa naissance ne figure-t-elle pas sur les registres? Voici la réponse :

En premier lieu on ne l'aurait pas déclaré. Ce cas s'est présenté et on peut l'induire de deux exemples pris dans la famille même. C'est d'abord celui de Louise-Marguerite Mestre, née le 3 frimaire 1793, décédée le 10, dont la naissance ne fut déclarée que le 4 nivôse, un mois après, et le décès le 7 du même mois de nivôse, également un mois plus tard. C'est ensuite celui d'Anthoine Baritaud né le 3 nivôse, an II, déclaré seulement le 7 germinal, soit plus de trois mois après la naissance. Si l'on pouvait retarder ainsi les déclarations on pouvait tout aussi bien ne les point faire du tout. En second lieu la déclaration de naissance en fut faite, mais l'officier de l'état-civil omit de la transcrire, cas fort probable en cette période de troubles. Donc Antoine ou Jean Baritaud et Marie Perpezat mariés aux environs de 1790 eurent un premier enfant Antoine vers 1791 (1) décédé âgé de deux ans le 6 thermidor, an II.

Un second : Françoise, née le 13 avril 1792 (1);

Un troisième : Antoine, le 3 nivôse, an II (3), décédé le 7 fructidor, an III (4).

Un quatrième : Jean, notre grand-père, né le 10 fructidor, an III (5), trois jours après le décès de son frère Antoine (27 août 1795).

Un cinquième : Jeanne, née le 30 fructidor, an XI, (13 septembre 1803 (6).

Et un sixième : Françoise, décédée le 18 fructidor, an XIII (7), dont on ne retrouve pas l'acte de naissance.

L'acte de décès de l'aîné contient une inexactitude évidente. On le dit âgé de 2 ans, il serait donc venu au monde vers le mois d'août 1792; or Françoise sa sa sœur naquit le 13 avril de la même année et tandis que l'acte de décès de cet aîné ne mentionne que le prénom de son père et est muet sur le nom de sa mère, on trouve celui-ci au contraire dans l'acte de naissance de sa sœur précitée: « fille de Marie Perpezat » y lit-on. Donc Antoine ne naquit pas en 1792.

Des six enfants issus de ce mariage, trois seulement survécurent; un garçon : Jean, et deux filles : Jeanne et Françoise.

Ce garçon ne peut-être Anthoine décédé en l'an II, pas plus que son frère du même prénom décédé à

(1 à 7) E. C. Allemans.

8 mois le 7 fructidor, an III. Or, s'il est évident que l'époux de Jeanne Chatard est fils d'Antoine Baritaud et de Marie Perpezat, il devient non moins évident que notre grand-père s'appelait en réalité Jean et non Antoine, puisque ce fut le seul survivant des enfants mâles issus du mariage de ses père et mère.

Comment une telle erreur put-elle se produire ?

Voici notre opinion : Dans la famille on lui donna le prénom d'Antoine et on le connut uniquement sous ce prénom sans remarquer qu'à l'état civil on lui donnait celui de Jean. Eut-on recours à son acte de naissance quand il se maria comme on le ferait aujourd'hui? Le zèle et l'aptitude des maires de village de cette époque répondent à cette interrogation. Alors que l'on était beaucoup moins sévère pour la transcription exacte des prénoms et que l'identité ne souffrait aucun doute dans ces petites agglomérations où tout le monde se connaissait, l'officier de l'Etat Civil se contenta des déclarations des parties sans en vérifier l'exactitude. Or notre grand-père possédait assez d'intelligence et assez d'instruction pour connaître la date précise de sa naissance, mais certainement il n'avait jamais eu la pensée ni l'occasion de consulter à ce sujet les registres de l'Etat Civil. Et puis, l'eut-il fait, l'eut-on fait, qu'on n'eut pas hésité alors, à donner tort à l'acte de l'Etat Civil et à agir en conséquence, puisque la notoriété publique, son contrat de mariage, tout le monde en un mot, certifiait que ce jeune homme s'appelait Antoine.

Et la preuve qu'on a agi ainsi, on la puise dans l'acte même de son mariage porté sur les registres de l'Etat Civil à la date du 1er octobre 1816 (1). Il y est pré-

(1) E. C. Allemans.

nommé Antoine, fils d'Antoine et de Marie Perpezat.
On y lit également qu'il est né à Allemans, le 10 fructidor, an III. Or, on l'a vu, les registres ne constatent
à cette date que la naissance d'un fils Baritaud issu
d'Antoine et de Marie Perpezat, mais il s'appelle
Jean. Jean et Antoine ne sont donc qu'une même
personne devenue sous le prénom définitif d'Antoine
le mari de Jeanne Chatard.

Cette conclusion s'impose à moins de soutenir qu'il
y eut deux jumeaux, dont l'un, Antoine, n'aurait pas
été déclaré. Aucun doute du reste n'a jamais subsisté
là-dessus dans la famille ni dans le public.

Ses deux sœurs se marièrent à Clairac ; l'aînée à
un nommé Bouty, entrepreneur de maçonnerie ; la
cadette à un maréchal-ferrant, nommé Vidal, si j'ai
bonne mémoire.

Enfin de son mariage avec Jeanne Chatard notre
grand-père laissa deux filles : Françoise l'aînée épousa
Laffitte syndic de faillite à Marmande (1).

Françoise, la cadette prénommée Justine, épousa
notre père au mois de juin 1850 (2).

La maison d'Allemans où s'écoula ma prime jeunesse était la maison paternelle de la famille Baritaud.
Lors du mariage de mes grands-parents maternels,
elle se composait d'un rez-de-chaussée et d'un étage
en pans de bois. A l'origine même, les constructions
s'arrêtaient au mur de l'écurie. Le surplus formait un
jardin aboutissant aux fossés du bourg qui lui ser-
vaient de limite au levant. Les différences de niveau
du terrain et les constructions l'indiquaient assez. Au

(1 et 2) E. C. Allemans.

fond du jardin, tout au bord du fossé et à l'angle sud-est se trouvait le puits.

L'extension successive de ces constructions indique la progression de l'aisance dans la famille.

Quand elle posséda assez de vignes pour récolter une certaine quantité de vin, on éleva le chai et l'on creusa la cave. Le premier à gauche, la seconde à droite d'un couloir obscur et étroit au sol inégal, aboutissant au levant, aux trois marches en tuff par lesquelles on descendait à ce qui restait de jardin. Puis enfin on bâtit la fournière sur ce reste de terrain. Elle servit d'abord à une clientèle assidue, venant cuire son pain au four, nouvellement construit, en attendant qu'on l'employât exclusivement à la cuisson des prunes récoltées sur la propriété étendue par mon grand-père. Quand ce four devint insuffisant grâce à l'activité de son propriétaire, on en construisit un second dans le jardin situé derrière les fossés et provenant de la succession de la grand-mère Chadourne.

Entre temps, notre grand-père faisait reconstruire par son beau-frère Bouty la façade de sa maison, en pierres de taille et mœllons et aménager l'intérieur tel que nous l'avons connu.

2e *Branche Maternelle Barilaud*

Ce paragraphe sera nécessairement très court, parce que les documents manquent complètement. On ne peut en effet remonter ici au delà du mariage de l'arrière-grand-père. On le trouve sur les registres de la commune d'Allemans à la date du 20 octobre 1782 :

Louis Chatard, menuisier, « né à Saint-Denis de

» la Tilly en Nivernais, diocèse d'Autun, en Bour-
» gogne », épousa Marguerite Moreau. Il mourut
à Allemans le 12 juin 1828.

Saint-Denis de la Tilly n'existe plus, ni comme
commune, ni comme hameau, ni comme paroisse.
J'ai consulté vainement le dictionnaire des communes,
le Bottin, la Carte du Ministère de l'Intérieur, celle
de l'Etat-Major, les catalogues des archives de tous
les départements formés de l'ancienne Bourgogne,
je n'ai trouvé aucun hameau de ce nom.

Les recherches n'ont donc pu être poursuivies plus
loin.

Jeanne Chatard, notre grand-mère, naquit de ce
mariage le 27 messidor, an III. Particularité curieuse :
son acte de naissance côtoie celui de son mari sur
les registres de l'Etat Civil. Ils étaient du même âge.

7

TROISIÈME PARTIE

Position sociale — Résidences Occupations Évolutions des Familles

CHAPITRE Ier

Famille de Luns

L'armorial général de la France, dressé en vertu d'édits royaux de 1616 et 1697 contient les armoiries de Simon et de Pierre de Luns, écuyers. Leur similitude accuse une commune origine et contribue à démontrer comme nous l'avons fait qu'ils étaient frères. Voici la description littérale de ces écus (1).

« *Simon de Luns, écuyer, seigneur de Caufour, porte* » *d'azur à une croix de gueules, cantonnée de quatre* » *lions de même.* » Deux corrections au crayon ont été opérées à cet énoncé. On a mis *du Caufour* au-dessus de *Caufour*. Puis on a rayé « de gueules » et tracé au-dessus le mot « d'argent ».

(1) B. N. M. Armorial général 13e vol. Guyenne Fr. 32206 p. 364 et 622.

Cette correction s'applique à la fois aux lions et à la croix ; elle met d'accord l'énoncé ainsi rectifié avec le blason lui-même, tel qu'il est peint dans l'armorial. En effet, le fond en est bleu (d'azur) ; la croix est blanche (d'argent) et les quatre lions aussi (1).

Pierre de Luns porte d'azur à une croix d'argent cantonnée de quatre lions d'or, dit l'énoncé (2), en tous points conforme au blason colorié. Le fond est bleu (d'azur), la croix est blanche (d'argent), les lions jaunes (d'or). Le champ, les pièces et les meubles (c'est-à-dire le fond, la croix et les lions) se ressemblent sur les deux écus. Ce sont bien là blasons de frères. On ne dit pas, il est vrai, de quel lieu Pierre est seigneur, mais comme son frère il figure dans la généralité de Bordeaux, section de Bergerac.

De petite mais ancienne noblesse, écuyers, gentilshommes vivant plus ou moins péniblement sur leurs terres, les de Luns, sauf de rares exceptions, ne paraissent pas avoir embrassé la carrière des armes. Leurs tendances générales, leur caractère apparaissent plutôt pacifiques. En somme, pour apprécier exactement leur manière de vivre, il faut étudier les mœurs qui gouvernent le pays à cette époque. Et cette étude nous permet de dire qu'en général ils sont toujours restés dans la contrée où nous les trouvons, vivant du produit de leurs terres, s'unissant à des familles du pays, dans cette partie de la province de Guyenne placée sous la puissance du roi de Navarre.

(1) B. N. M. Armorial général. Blasons coloriés 13e vol. Guyenne Fr. 32240 p. 406 et 763. Voir aux pièces justificatives (No 5).

(2) B. N. M. Armorial général, 13e vol. Guyenne, Fr. 32206 p. 622.

C'étaient des terriens, de petits gentilshommes cam-
pagnards, pas assez riches pour être puissants et faire
grande figure, mais de noble et ancienne maison. Aussi
leurs filles étaient-elles recherchées en mariage par
les bourgeois des environs. Le nom de de Luns ne
figure dans aucun des ouvrages qui parlent des guerres
de religion à cette époque. Seul Montaigne nous apprend incidemment que l'un d'eux faisait partie de
la suite d'Henri roi de Navarre en 1581 (1).

Ils semblent pour la plupart avoir embrassé la
réforme, et cette décision, contribua sans doute beaucoup à les maintenir dans leurs domaines et à ne pas
courir les aventures. Ne vivaient-ils pas au surplus
dans une des plus belles et des plus riches contrées
de France?

Le seul que nous connaissions ayant embrassé
la carrière des armes resta prudemment dans l'Albret,
sous la protection du futur Henri IV. Il savait ce
que l'on risquait à en sortir et à venir à Paris quand
on était calviniste. Et puis encore, à l'exemple du
« bon roy Henri » une partie des siens et lui-même se
convertirent au catholicisme. Leur existence s'écoula
donc pour l'immense majorité d'entr'eux dans l'Agenais et autour de Sainte-Foy. Paroisse de Caplong,
sur les terres de Barbot, de La Roque ; paroisse contiguë d'Eynesse, sur celle de Graveron; paroisse de
Sainte-Foy, sur celle de Cabeauze; à Thenac, où l'on
trouve le Cauffour, le château et un hameau appelé
également La Roque ; et enfin selon notre conviction
personnelle à Allemans.

(1) Loc. cit.

La famille très nombreuse dans le dernier tiers du
XVIᵉ siècle s'éteint peu à peu, soit que les garçons ne
se marient pas ou ne laissent pas de trace, soit à cause
de la prédominance des filles dans la lignée.

Que devinrent Bertrand et Jehan de Luns, frères
de François? On l'ignore. Des six enfants de celui-ci,
un garçon paraît être mort jeune ou incapable de se
marier. Les autres sont des filles.

Pierre laissa bien deux enfants mâles, mais l'un
ne procréa que des filles, et le fils de l'autre mourut
sans postérité puisque son cousin germain fit partie
de ses héritiers.

Des trois filles de Françoys, une seule contracta
mariage ; les deux autres coiffèrent sainte Catherine;
du moins en 1667 c'est-à-dire à l'âge de 39 et 37 ans,
elles étaient encore célibataires. Sur les trois des enfants connus de Simon de Luns, la descendance de
Marie, épouse de La Rivière nous échappe et puis
quand il s'agit de filles le nom se perd. Pierre, marié à
Suzanne de Foussa ne laissa que des filles avons-nous
déjà dit. On ne sait rien de son frère Daniel. Peut-être
mourut-il jeune.

Le dernier de Luns semble bien être le mari de
Suzanne de Foussa, déjà vieux en 1742. Cependant,
encore en 1763, ce nom figure sur les rôles d'impôts
des terres de Saint-Quentin de Caplong. Le sieur Deluns
écuyer, y possède 48 journaux, 28 pieds et paie 30
livres, un sol, 6 deniers au prinicipal et trois livres
trois deniers pour les deux sols pour livre (1). Mais c'est
évidemment là un fait qui se reproduit souvent

(1) A. D. G. C. 2937.

de nos jours ; quoique le propriétaire ait changé, le nom de l'ancien reste inscrit sur les rôles, on n'en adresse pas moins la feuille d'avertissement au nouveau que l'on trouve toujours en s'adressant au maire de la commune où les biens sont situés.

CHAPITRE II

Famille Mestre

Cette famille extrêmement nombreuse est aussi ancienne que la précédente. Tous ses membres sont des bourgeois (1) propriétaires (2), quelques-uns — très peu — marchands (3), d'autres tenaient à gage des terres nobles (4).

Quoique d'aucuns l'aient soutenu, et, dit-on, fait sanctionner, jamais un seul membre de cette famille n'appartint à la noblesse. La possession d'un blason ou d'une terre n'en fait pas preuve le moins du monde.

L'ouvrage auquel nous avons emprunté des renseignements héraldiques, concernant la famille de Luns le confirme pleinement (5). Les blasons y sont classés dans l'ordre suivant : Noblesse, Clergé, Magistrature, Bourgeoisie. Les personnes payaient une redevance annuelle de 20 livres ; ainsi que les bourgeois et la « Robbe », c'est-à-dire les magistrats. Les chapitres et les communautés 25 livres. Les abbayes,

(1) A. D. L. et G., B. 770-848 ; — A. D. G. 4189 ; — E. C. Caplong GG 6. — A. D. G. GG 53 ; — E. C. Savignac 1751. — A. M. Sainte-Foy GG 10.

(2) A. M. Sainte-Foy, BB 8.

(3) A. D. G. C. 2937, N° 29, p. 3, 6, 10 du 1er vol ; 2e vol. p. 2-4 et s.

(4) A. D. G. Terriers 2e vol., p. 537. C. 4189.

(5) B. N. M. Fr. 32206 et 32240.

cinquante livres. Les seigneuries 30 livres et 20 livres.

Un marchand bourgeois pouvait obtenir des armes, les corps de métiers également. On trouve précisément dans le même volume la description du blason d'un marchand de Bergerac : Pierre Mestre (6). Il porte d'argent, à un lion de gueules couronné d'or.

Enfin, on peut parcourir dans le même ouvrage l'interminable file des blasons de communautés de métiers : drapiers, menuisiers, corroyeurs, etc. Evidemment, il ne s'agit pas de gens qualifiés nobles. Ces armes conféraient le droit de bourgeoisie à leurs corporations.

De tous temps, on parla exclusivement français au sein de la famille Mestre, quoique née et vivant dans une province où l'on ne se servait que de la langue appelée bien à tort le gascon. Le gascon remplace l'f par l'h aspirée, c'est un dialecte très différent du premier. — La tradition veut même que Pierre Mestre contemporain de Montesquieu ait fréquenté celui-ci. Ils étaient exactement du même âge, une très grande distance ne séparait pas leurs terres en somme, et ils durent se retrouver à Bordeaux sur les mêmes bancs d'école. Ils faisaient partie, dit encore la tradition, d'un même groupe de lettrés.

L'habitude de s'exprimer exclusivement en langue française dans l'intimité et à plus forte raison au dehors ne se perdit jamais dans la famille. Notre père et ses cousins conversaient toujours en français. C'est dans ce pays un fait très significatif.

En 1660, Simon Mestre, bourgeois et marchand,

(6) Mémorial des blasons coloriés, Guyenne, FR. 32240, p. 226.

fait, comme tuteur de Savinien Mestre, l'aveu et dé-nombrement d'une terre noble appelée de Brayac, juridiction de Sainte-Foy, contenant 30 journaux que le mineur possède à gage (1). Ce mineur est un protes-tant il figurera plus tard parmi les 223 qui abjureront solennellement le Calvinisme en 1685 dans la fameuse réunion de Sainte-Foy (2).

On trouve aussi dans les familles Mestre des avocats au Parlement (3) des médecins (4), des officiers (5).

Très nombreuse et très ancienne famille, affirmions-nous tout à l'heure. Comme celle des de Luns elle s'est développée et a vécu dans la même région, sans s'en écarter davantage. Cependant, après la dispa-rition de la famille de Luns, et surtout à partir de 1760, elle essaima un peu plus loin, vers le sud, dans la vallée du Dropt, à Savignac-de-Duras, à Duras, à Saint-Sernin, à Allemans-du-Dropt, à Agnac, à la Sauvetat-du-Dropt, après avoir poussé une alliance jusqu'à Monségur à l'ouest.

Les archives de Sainte-Foy nous montrent Pierre Mestre, consul en 1551. Etienne Mestre l'est en 1578, Pierre Mestre le redevient pendant 7 ans de 1580 à 1587. La plupart des membres de cette famille sont consuls de la ville presque sans interruption pendant plus d'un siècle — 1630 à 1737. — Tous sont qualifiés de bourgeois.

Il y eut parmi eux beaucoup de protestants. Dans un

(1) A. D. G. C. 4189. Terriers 2e vol., 537.
(2) *Ibidem* E. S. 4991, BB 8.
(3) A. M. Sainte-Foy GG 69 *ter*. GG 5, p. 1 ; — A. D. G. E. S. 4999 BB 13 ; — E. S. 5000 BB 15.
(4) A. M. Sainte-Foy, GG 69 *ter*. *Ibid* GG 8.
(5) *Ibid*. GG 6. — GG 68.

document intitulé : « *Cahier contenant le tems du décès des personnes auxquelles a été refusée la sépulture ecclé siastique* (1). » on remarque: Isabeau épouse de Jean Mestre de Capelle (11 mai 1740).

Mathias Mestre, avocat, (4 juillet 1766 (2).

Hector Mestre, sieur de Brayac (27 mai 1780 (3).

Jean Mestre, docteur en médecine, (9 mars 1787).

Les familles de Luns et Mestre ont vécu, côte à côte, pendant des siècles, 1515-1742. Et plus spécialement dans la paroisse de Caplong, on les y suit pendant soixante années consécutives (1690-1750). Ils sont inscrits en même temps sur les rôles de la paroisse de Thénac.

Dans celui de la capitation de la noblesse pour 1715 (5), au chapitre de la juridiction de Sainte-Foy, le sieur de Luns est taxé à 3 livres pour un domestique.

Dans celui des gentilshommes de la sénéchaussée de Bergerac pour 1725 (6) le sieur de Luns de Thénac y figure (7) pour 31 livres 10 sols ; il est encore sur le rôle de 1740 et paie 50 livres, tandis qu'en 1734 (8) et en 1742 (9), il n'en payait que 45. Faut-il en conclure qu'en 1740 il avait augmenté son patrimoine, nous pensons que ce sont les impôts, au contraire, qui gros-sirent.

(1) A. M. Sainte-Foy, GG 66.
(2) *Ibid.* GG 67.
(3) *Ibid.* GG 69.
(4) *Ibidem.*
(5) A. D. G. C. 2694.
(6) *Ibid* C 2712.
(7) *Ibid.* C. 2715.
(8) *Ibid.* C. 2759.
(9) A. D. G. — C. 2715.

En 1734, dans le rôle de la juridiction de Sainte-Foy, le sieur de Luns qui payait 3 livres pour un domestique y est déclaré mort pauvre (1).

« Le projet du rôle des 2/20 et deux sols pour livre » d'iceux par comparaison de la taille établie sur les » maisons de Sainte-Foy (2) » pour l'année 1763, ne mentionne plus un seul de Luns, ce qui confirme ce que nous avons dit au sujet de ce nom inscrit à cette date dans la deuxième partie du même rôle relatif aux terres.

Par contre, on y voit à la 3e page, Mathias Mestre ; à la 6e Hector Mestre-Brayac ; à la 10e Mathias Mestre avocat.

Le deuxième rôle de la même année relatif aux terres porte à la page 2: Mathias Mestre, imposé pour 28 journaux 1/3, au quartier de Lajonye, paroisse de Sainte-Foy (3) ; à la quatrième Hector Mestre-Brayac pour 18 journaux 2/3 : Mestre-Brayac, médecin et les trois Delles Mestre-Brayac, chacun pour une égale superficie.

Dans la paroisse de Saint-Nazaire, Mestre, avocat, possède 69 journaux. Dans celle de Saint-Quentin de Caplong, outre le sieur Deluns dont nous avons parlé, on trouve Jean Mestre pour 2 journaux 1/2.

Dans celle de Riocaud, Jean Mestre des Beaudets, comme mari de Delle Bourgoing, notre bisaïeul, y est inscrit pour 10 journaux.

Enfin, dans celle de Caplong, Mestre de Capelle y

(1) *Ibid.* C. 2759.
(2) A. D. G. C. 2937, No 29.
(3) On se rappelle que en 1670 Phelippe de Luns était épouse de Geoffroy de Lajonye. A. D. L. et G.,—B. 622-647.

possède 3 journaux ; le sieur Mestre-Loubarède, notre
arrière-grand-père, 32 journaux, 19 escats et le sieur
Deluns ou quoique soit son héritier 55 journaux 2/3.
Enfin, Mathias Mestre pour 38 journaux 2/3. On voit
par là quelle importance avaient, dans cettecontrée, les
familles de Luns et Mestre. On remarque aussi que,
non seulement, elles vivaient bien côte à côte, mais
que leurs propriétés étaient contiguës ou même con-
fondues les unes dans les autres. Nous n'avons pas
retrouvé le rôle de Thénac.

Terminons par ce renseignement permettant de
juger de l'importance de ces propriétés d'après nos
mesures agraires actuelles. Le journal se composait,
nous dit une note mise au verso du rôle, de 150 escats
et l'escat contenait 16 pieds carrés ; au total, 38.400
pieds de roy de superficie, ce qui met le journal à 42
ares environ de notre mesure décimale.

Le temps marche et la mort avec lui : en 1763, la
famille de Luns a disparu. Etienne Mestre et Suzanne
de Luns son épouse aussi. Leur patrimoine s'est parta-
gé entre leurs enfants.

Pierre Mestre, fils aîné d'Etienne, est devenu seigneur de Caufour, paroisse de Thénac. Notre bisaïeul,
Jean Mestre, autre fils du même, s'appelle Mestre
de Loubarède, du nom de la propriété qui lui est
échue paroisse de Caplong, quand il épousa Louise
Bourgoing en 1751. A ce moment il va habiter à Savignac-de-Duras sur la terre de Lamothe appartenant
peut-être à sa femme. Sa sœur devenue madame Gros
depuis 1744, habite Duras.

Mestre-Loubarède est propriétaire foncier ; il vit
sur ses terres, et y élève une famille de sept enfants,
tous nés à la maison paternelle, sauf Pierre, venu au

monde tout près de là, à Landerrouat, chez un oncle.

Les trois filles issues de cette union se marièrent-elles? On ne retrouve que le mariage de Catherine, la plus jeune ; elle épousa, avons-nous dit, un sieur Geneste, demeurant à La-Sauvetat-du-Dropt.

C'est à Savignac-du-Duras, au village de Lamothe, sur leur propriété, que meurent Jean Mestre et son épouse Louise Bourgoing.

Aussi notre grand-père portera ce nom de Lamothe quand il épousera Jeanne Villatte. Il y habite déjà quand il se marie en premières noces avec Demoiselle Marie Castaing, de la Grace (1). Mais il réside à Saint-Sernin, hameau de la Grace, quand il convole en secondes noces. C'est comme bourgeois de Saint-Sernin, faisant partie à ce titre de la délégation de la juridiction de Duras dont dépend sa paroisse, à côté de Baritaud, aussi bourgeois (2) qu'il signa l'adhésion des délégués de cette juridiction aux cinq articles des cahiers envoyés par Sainte-Foy à la sénéchaussée de Libourne pour être portés aux Etats Généraux (3).

Mathias Mestre, avocat à Sainte-Foy, fut le député du tiers aux Etats Généraux de 1789. L'almanach Royal de 1791 nous apprend qu'il habitait à Paris, 6, rue de la Chaussée d'Antin (4). Et le dictionnaire

(1) La Grace est encore un hameau de la commune de Saint-Sernin.

(2) Mondenard, cahier des Etats Généraux de 1789, p. 210. B. N. L° 24-283°.

(3) Etaient électeurs aux assemblées des délégations des Etats généraux, et avait droit d'être élu tout Français âgé de 25 ans accomplis, inscrit au rôle des contributions. Resteront en dehors du corps électoral (disait la loi) les journaliers, manœuvres et tous prolétaires ne payant directement aucun impôt (Tissot : *Révolution française*).

(4) B. N. Casier O n° 475.

des Parlementaires Français, en nous donnant la date exacte de cette élection (14 mars 1789), ajoute les détails biographiques suivants : « Né à Sant-André de-« Cubzac en 1733 il y mourut en 1802. A l'Assemblée « il prêta le serment du Jeu de Paume, vota sans « prendre la parole avec la majorité de la Consti-« tuante et fut un des membres du Comité féodal. « Président de l'assemblée cantonale de Sainte-Foy « après la session de la Constituante, il fut exclu du « club de cette ville par les violents parce qu'il avait « refusé de s'associer — quoique protestant — au culte de la Raison. »

« Son fils fonda la première école mutuelle du département de la Gironde (1). » Nous compléterons ces renseignements en ajoutant que lorsque l'Assemblée des Etats Généraux siégea à Versailles il faisait partie du 7e bureau, et habitait dans la ville du roi Soleil, au numéro 39 de la rue Saint-Antoine. (Voir sa signature aux annexes, n° 7 (2).

L'acte de naissance de notre grand-mère Josèphe Mestre est signé par son père Mestre-Lamothe. En 1816 il habite Agnac et est qualifié de bourgeois quand son fils Pierre Deluns-Mestre, capitaine au 8e d'infanterie, se marie avec Jeanne Cheyron.

Le contrat de mariage de sa fille Jeanne avec Jean-Baptiste Got, capitaine en retraite et chevalier de la légion d'honneur, en date du 22 juin 1820, désigne la future épouse sous le nom de Jeanne Mestre-

(1) Robert et Cougny. Dictionnaire de Parlementaires, T. IV, p. 357. B. N. Casier R N° 118.
(2) Documents relatifs à la Convocation des Etats Généraux. Vol. 2, p. 24. B. N. Casier N n° 186.

Lamothe, fille de Pierre Mestre-Lamothe et de Jeanne Villatte, habitant Thénac.

On dirait qu'il ne se plait nulle part, mais il n'émigre jamais bien loin. On lui a fait dans la famille une réputation de brasseur d'affaires, du reste peu favorisé. Jamais réputation ne fut moins méritée. Loin d'acheter de nouvelles propriétés pour les revendre à perte, il se borna le plus souvent à administrer bien ou mal, plutôt mal, — celles dont lui ou les siens devinrent propriétaires par succession.

A Savignac, il est sur une propriété venant de son père. A Saint-Sernin, c'est sur celle de sa première femme. Jeanne Villatte, sa seconde femme était originaire d'Agnac. Quand il va habiter Thénac, c'est encore dans une propriété patrimoniale. Point n'est besoin d'avoir les pièces sous les yeux pour constater qu'elle vient de la famille de Luns. Pierre de Luns l'a recueillie dans la succession de son cousin germain Simon en 1742. La procuration par lui donnée à son petit-fils aîné Pierre Mestre, le fait aisément deviner. Plus tard, celui-ci la trouvera dans la succession de son grand-père ou de sa mère, et dans ce cas l'événement prouverait que Marie de Luns sa tante, mourut sans postérité. Les lieux de naissance de ses enfants permettent de fixer approximativement l'époque de cet héritage. En 1753, lors du baptême de sa fille Suzanne il paraît habiter Sainte-Foy ; en 1758, lors de la naissance de son fils Jean-Etienne, il réside à Thénac où il est seigneur du Cauffour. C'est donc entre ces deux dates que se place son installation à Thénac.

Des quatre enfants issus de son mariage avec Marie Gaussens, aucun ne laissa sans doute de descendant puisque nous retrouvons cette propriété de Thénac en la possession de notre arrière-grand-père, Pierre Mestre en 1824. Or celui-ci la tenait de son père, décédé en 1782, après l'avoir héritée lui-même de son neveu, ou il en devint propriétaire comme héritier de son cousin germain Jean-Etienne.

A présent se dégage nettement le moment précis de l'abjuration d'Etienne Mestre, époux de Suzanne de Luns. Son fils aîné Pierre, né en 1718, est baptisé protestant ; tandis que son fils cadet Jean, notre bisaïeul, né en 1720, est baptisé catholique.

De Thénac enfin où s'est mariée avec notre grand-père sa fille dernière née, il va résider chez son gendre à Eymet et s'y éteint à 86 ans, en 1839.

Pierre Deluns-Mestre, qui épouse en 1816 Jeanne Cheyron, fille de Jeanne Villatte, veuve Cheyron seconde femme de son père, avait embrassé la carrière des armes.

Il s'engage à 18 ans ; fait partie en 1806 des pupilles de la garde impériale, est nommé lieutenant au 122e d'infanterie en 1813, et capitaine la même année, après avoir fait les campagnes de 1806 et 1807 en Prusse ; en Pologne en 1808 ; en Espagne en 1809 ; en Allemagne en 1811 et 1812 ; en Espagne de nouveau en 1813 ; en France en 1814 (1). Il est chevalier de la Légion d'honneur. Mis en congé illimité par Louis XVIII en 1815 à cause de ses opinions républicaines bien connues, il épouse Jeanne Cheyron.

Plus tard, il est admis, sur sa demande, à rentrer en activité, obtient ensuite sa retraite et se retire à

(1) Voir pièces justificatives N° 6, Archives d'Allemans-du-Dropt. Proc. verb. du C. M. 6 mars 1831.

8

Allemans, au milieu des siens, où il meurt le 11 mars 1852 (1). C'était un escrimeur réputé, tirant de la main gauche. En 1840, et le 26 avril, il apaise une émeute soulevée à Allemans (2). 1848 le fait adjoint au maire.

Des quatre enfants issus de son mariage, deux seulement se marièrent — on l'a vu plus haut. — L'aîné, Pierre-Eugène, laissa un fils Gabriel, actuellement juge de paix à Captieux (Gironde) ; et Jeanne-Eugénie qui épousa Jean Montaud, instituteur obligé à démissionner au Coup d'Etat de 1851. Il mourut notaire et maire d'Allemans, estimé et regretté de tous. Six mois après, 6 avril 1878, les électeurs de l'arrondissement de Marmande nommaient son fils aîné Deluns-Montaud député en remplacement de M. Faye.

Des trois enfants de Jean Montaud un seul, Emile, se maria. Il succéda à son père comme notaire et comme maire d'Allemans. Nommé plus tard juge de paix à Monségur (Gironde), il est décédé dans la vieille maison patrimoniale d'Allemans, le 18 septembre 1911.

Ceux-là sont trop connus et trop près de nous pour que j'esquisse leur biographie.

---

(1) E. C. d'Allemans-du-Dropt.
(2) Procès-verbaux du C. M. d'Allemans

CHAPITRE III

Famille Baritaud

La famille Baritaud ne quitta jamais Allemans. Elle y naît ; elle y vit ; elle y meurt.

Propriétaire, oh ! petite propriétaire d'immeubles, son nom figure au terrier de la paroisse dès l'année 1744. On y constate aussi qu'André Chadourne y est inscrit pour des terres à Grange Burlade, à Sainte-Anne avec une grange et une maison au même lieu ; une vigne à la Garenne, une autre au Massée, un jardin sur les fossés du bourg, confinant au midi le verger du seigneur, M. de Sansac. Tous ces immeubles se sont retrouvés dans la succession de notre grand-père maternel, ce qui justifie une fois de plus la généalogie que nous avons établie et confirme que sa grand-mère était bien une Chadourne. Cette énumération n'a du reste pas d'autre but.

Très lié avec la famille Mestre, on voit notre grand-père au Conseil Municipal à côté du Capitaine en 1848. Déjà en 1831, il fait partie de la Garde Nationale, et en sa qualité de sergent-fourrier est nommé commissaire rapporteur du conseil de discipline, de cette garde civique, tandis que son collègue Raymond Cougouilhe en est promu secrétaire par arrêté du sous-préfet du 4 septembre de cette année là. Dès cette époque, il entre au Conseil municipal, on l'y retrouve en 1848-1849-1852. A partir de ce moment il n'en fera plus partie, et l'on devine pourquoi, sans qu'il soit besoin d'y insister davantage.

On lui doit la création de toutes pièces dans Allemans et les environs du commerce de la prune d'Ente, contribuant puissamment par là au développement de la culture de ce fruit dans toute la région, devenue une des principales sources de la richesse de cette contrée.

Il prit avec lui M. Grézolle, en fit son élève, l'initia à ce commerce et un peu plus tard se retira le laissant travailler pour son propre compte.

Les fils de celui-ci ont succédé à leur père et la maison Grézolle qui existe encore est sans contredit la plus ancienne de toutes dans ce genre de commerce. Fondée en 1838, elle compte aujourd'hui près de soixante-quinze ans d'une existence honorable et honorée.

Notre grand-père, j'ose le dire sans vanité, laissait après lui une réputation d'intégrité qui survit encore dans la mémoire des habitants d'Allemans. Antoine Baritaud fut un homme modeste ; il fut aussi un homme utile.

Réflexion

Jetons maintenant les yeux sur le tableau généalogique ; qu'y voyons-nous? De toutes les familles dont il se compose, la plupart ont disparu : Plus de de Luns ; plus de Baritaud; plus de Chatard; plus de Montaud. Des débris échappés à la faux du temps, combien subsisteront dans un demi-siècle? Peut-être pas un seul. Et l'on peut prédire déjà la disparition certaine, à bref délai, de la grande majorité d'entre eux ; non seulement dans la ligne directe, mais encore dans les lignes collatérales et dans leurs alliés. Et l'on aurait tort de croire que ces familles se sont fondues dans d'autres et qu'en somme, le même nombre de membres ou à peu près se retrouve sous des noms différents. Ce serait une erreur. Sauf quelques très rares exceptions elles sont définitivement anéanties.

Voilà une bien suggestive leçon de choses, propre à retenir longuement l'attention de l'observateur ; et, si ce que ne comporte pas cette simple généalogie, j'analysais sommairement même, la vie de chaque disparu, l'attention de l'observateur serait alors entraînée dans de profondes méditations sur l'évolution des races, et, suivant le milieu où ils ont évolué, l'influence des actes personnels de chaque membre dans chaque famille, sur l'avenir de ses descendants.

Annexes

PIÈCES JUSTIFICATIVES

Pièces justificatives

PIÈCE JUSTIFICATIVE N° 1.

Archives départementales de Lot-et-Garonne B. 622.

PRÉSIDIAL : CAUSES CIVILES.

Sentences en première instance et sur appels relevés des justices inférieures de : Prayssas — Blanquefort — Lauzun — Saint-Barthelémy — *Allemans* &.

Du XXII° moy 1604.

Entre Jean de Luns, écuyer, sieur de Graveron, Francoys de Fayolles, abbé de la Seauve, tuteur de Pierre de Luns ; Jean de Laborde, écuyer, sieur de Picon, curateur de Jacques de Luns ; et iceux de Luns filz et héritiers de feu Francoys de Luns appellent de certaine interposition de décret donné par le juge ordinaire de Sainte-Foy.

Et Phelippe, Suzanne et Isabeau de Luns, damoiselles, sœurs desd. appellans et Geoffre de Lajonye, sieur de la Gorce, mary et conjointe personne de lad. Phelippe de Luns, appelléz et demandeurs l'interposition de décret sur les biens saizis sur les de Luns appellans.

Opposans Jehan et Ruben de Béraud, escuyers, sieurs de la Serpent, tant en leur nom que comme ayant le droit cédé de leurs frères et sœurs, filz et héritiers de feu Anne de Luns et de feu Gaston de Béraud leurs père et mère ; Loïze de Fayolles, damoiselle, mère desd. de Luns ; Jehan Faugeyron vieux, comme ayant le droit cedé de Jehan Guy marchant de Bragerac et Jean Rogier, et autrement lesd. de Béraud demandeurs l'entérinement de certaines lettres royaux.

Et lesd. Phelippe, Suzanne et Isabeau de Luns déffenderesses à icelles.

Veu le procès-sentence d'où vient l'appel, du premier apvril mil-cinq-cent-nonante-et-neuf ; Libel appellatoire des appellans, responces desd. appellés ; causes d'opposition dud. Jean de Luns, *sieur de Graveron* ; contract de mariage dud. feu Francoys de Luns avec ladite de Fayolles, du douzième apvril mil-cinq-cent-soixante-quatre ; Causes d'opposition desd. de Béraud et lettres royaux par eux produits aux fins d'estre rellevés de toute prescription ; des huictiesme décembre mil-cinq-cent-quatre-vingt-douze et vingt-neuvième aoust mil-six-cent-ung ; contract de mariage de feu Gaston de Béraud, sieur de la Serpent, et Anne de Luns leur père et mère du trozième apvril mil-six-cent-ung ; responces desd. de Luns appellés ; *arrest de condamnation de mort* contre Phelippe de Luns, avec confiscation de ses biens par arrest de la cour de Parlement de Paris du XXVIIe septembre mil-cinq-cent-cinquante-sept ; lettres patantes en forme de chartre des XXVIIe septembre aud an mil-cinq-cent-cinquante-sept et cinquième janvier mil-cinq-cent-soixante pourtant don du feu roy Charles neufviesme desd. biens confisqués de ladite Phelippe de Luns au proffit de Anne, Dupuy, Francoys, Jean et Bertrand de Luns ; contreditz desd. de Béraud ; déclinatoire desd. de Luns appellés ; causes d'opposition de lad. de Fayolles ; contract de mariage d'icelle avec led. feu Francoys de Luns du XII apvril mil-cinq-cent-soixante-quatre ; testament dud. feu Francoys de Luns de XXV décembre mil-cinq-cent-quatre-vingtz-douze ; causes d'opposition dud. feu Rougier et légat de la somme de trois mille livres à luy fait par led. feu Francoys de Luns en sond. testament du XXVe décembre quatre-vingtz-douze ; causes d'opposition dud. Jean Faugeyron ; obligation dud. feu Francoys de Luns au proffit de Jean Guy marchant de la somme de douze cent livres du cinquiesme may mil-cinq-cent-nonante et cession dud. Guy au proffit dud. Faugeyron de lad. somme du quatorziesme juillet mil-cinq-cens-nonante-trois et autre production desd. parties, avec l'appointement en droit.

Avant faire droit desd. appellations, lettres royaux et autres concluzions desd. parties, ordonnons que lesditz de Béraud, sieur de la Serpent, articuleront dans huictaine plus amplement leurs faitz expeciffiez esdites lettres royaux, contredictz et responces d'iceux cottez en leur inventaire lettres f et h, ausquels tant lesdites appellées que lesditz Jean de Luns, sieur de Graveron, sieur de Fayolles et Laborde audit nom respondront dans huitaine apprez, autrement forcloz, contraires et receuz à vériffier dans la quinzaine suivant, dans lequel délai Jean de Luns, Fayolles et Laborde, audit nom respondront au troiziesme et quatriesme article en leur inventaire lettre f. Comme aussi contrediront l'opposition de ladite Loïse de Fayolles, Rougier et Faugeron, aud. nom, pour ce fait, et lesdites preuves rapourtées estre ordonné sur le tout ce qu'il apartiendra, tous despens réservez en fin de cause.

(Signés) Nargassier ; de Redon ; de Roussanes ; de Raimond ; Gardès ; Le Blanc ; P. Le double ; de Philippes ; Laroche.

(En marge on lit :) Quatre escuz sur le décret, deux escuz sur le sieur de la Serpan, deux escuz sur Jean de Luns, appellant et ung tiers d'escu sur Jean Rogier ; autre tiers sur Loïze de Fayolles, et autres tiers d'escu sur Jean Faugeron vieux le tout saufz de les répéter en fin de cause, ledit sieur de la Serpan a avancé le raport.

Solvit : de Raimond.

Et ledit jour mesmes lad. sentence a esté sighiffiée à Solac vieux procureur dud. Jean de Luns, à Duran procureur desd. Faugeiron et Faiolles lesquels n'ont rien dict, etc.

(Collationné.)

PIÈCE JUSTIFICATIVE Nº 2

Archives départementales de Lot-et-Garonne B. 647.

Du XXIIº novembre 1607.

Entre Jehan de Luns, escuyer, maistre Adam Villemont procureur et curateur ad littes de la personne de Jacques de Luns ; Messire Francoys de Fayolles, abé de la Seuve, tuteur de Pierre de Luns, appellans de certaine interpozition de décret donnée par le juge de Saincte-Foy, demandeurs l'entérinement de certaines lettres royaulx, d'une part.

Et Philippe, Suzanne et Ysabeau de Luns, damoyzelles, seurs desditz appellans, et Geoffre de Lajonye, sieur de la Guorce, mary et conjoincte personne de la dicte Philippe Deluns appelées et demandeurs l'interpozition de décret des biens saizis sur lesdictz Deluns appellans, et deffandeurs auxdictes lettres royaulzx.

Opposans Jehan et Ruben de Béraultz, escuyers, sieurs de la Serpent, tant en leur nom que comme ayant le droict cédé de leurs fraires et seurs, filz et herectiers de feue Anne Deluns et de feu Gaston de Bérault, leur père et mère, Louyze de Fayolles, damoyzelle, mère des dictz Deluns ; Jehan Faugeyron vieux, comme ayant le droit cédé de Jehan Guy, marchant à Bréjerac et Jehan Rougier ; et autrement les dictz de Béraultz demandeurs l'entérinement de certaines lettres royaulx et lesdictz Pierre, Jehan et Jacques Deluns deffandeurs, d'autre.

Veu, le procès, sentence interlocutoire du vingt deuxième may, mil-six-cens-quatre, articullé pour les dictz de Béraultz ; responces à icelluy; lettre royaulx et esploitz, d'assignation pour les dictes, Phelippe, Suzanne et Ysabeau Deluns, du quatoziesme, dix-huictiesme, et vingt-uniesme febvrier, et septième jung mil-six-cens-sept ; lettres et exploitz d'assignation, pour les dictz de Béraultz affin de faire leur enqueste, du quatriesme, dix huictiesme, et disneufviesme jung mil-six-cent ; procès verbailh d'enqueste pour lesdictz de Béraultz du vingtiesme jung mil-six-cens sept ; enqueste desdictz de Béraultz, du vingtdeuxiesme jung audict an mil-six-cens-sept ; appointement de rapport d'enqueste et forcluzion de balher objectz du septiesme et vingt uniesme julhect mil six cens sept ; objectz et requeste de réception pour lesdictes Deluns contre lesdictz de Béraultz ; acte de prestation de serment pour la validité de la procédure faicte par Villemont, procureur desdictz appellans du trectziesme septembre mil-six-cens-sept ; acte de surdicte pour les dictz de Béraultz de la somme de sectze mil livres, du cinquiesme novembre mil-six-cens-sept ; lettres royaulx pour lesdicts Jehan, Jacques et Pierre Deluns, du dixième novembre mil-six-cens-sept ; requestes contredisant icelles pour lesdictes Phelippe, Suzanne et Ysabeau Deluns ; responces pour lesdictz Deluns, appellans ; acte contenant forclusions de respondre tant aux lettres royaulx que responces et appointemant en droict du quinziesme nonbenbre mil-six-cens-sept ; requestes, escriptures et autres pièces et productions des partyes ; le tout en six sacz avec une requeste des dictes Philippe, Suzanne et Ysabeau Deluns, du dix septiesme novembre mil-six-cens-sept.

Enterinant les lettres royaulx des d. Jean, Jacques et Pierre Deluns appellans, faisant droit de l'apel et autres conclusions des parties, disons, attendu la nouvele production ; avoir esté mal iugé par le iuge bien apelé par les apelans ; avons distrait et distraisons au profit et faveur desd. appelans la moytié de la sixiesme partie de l'hérédité et biens obvenus aud. François Deluns, leur père, par le décès ab intestat de Phelippe Deluns sa seur, avec restitution des fruits d'icelle moytié despuys la saisie et séquestration.

Et enterinant les lettres royaulx des d. Jean et Ruben de Béraud, aud. nom, sans avoir esgard au décret desd. biens du premier avril mil-cinc-cens nonante et neufs et aux fins de non recevoir desduites par lesd. Phelipe, Suzanne et Ysabeau Deluns contre led. de Béraud, avons aiugé et aiugons aud. de Béraud la sixiesme partie de l'hérédité et succession de lad. Philipe à Anne, leur mère, obvenue par le décez de lad. Philipe, sa seur, et distrait de lad. saisie la sixiesme partie des biens y comprins procédans de lad. hérédité, avec restitution des fruicts d'icele sixiesme depuys l'opposition, en raportant par led. de Béraud les cinc cens livres mentionées et interestz d'icelle depuys l'oposition, au denier quinze, et autres sommes par lad. Anne receues par contract de mariage au autrement.

Et avant faire droit de la distraction de la moytié des acquetz par lesd. apelans requise en leurs responces cathégoriques, ordonnons que lesd apelans montreront de leur qualité d'héritiers dans le mois, pour, ce fait, estre fait droit, ainsin que de raison, et, à faute de ce faire, les avons desbouté de la distraction, et ordonnous que nouvele enchère sera faite sur les biens saisis restans, pour ce fait, estre procédé à l'interposition de décret requis ainsin qu'il apartiendra.

Et avant faire droit des conclusions prises par led. de Béraud, aud. nom, en suplément de légitime sur les biens de feu *Hervé de Luns et Anne Dupuy, leur ayeul et ayeule*, ordonnons que lesd. exécutés défendront dans led. délay auxd. conclusions, pour, ce fait, estre ordonné, ce qu'il apartiendra.

Et en ce qui concerne les conclusions par les apelans prinses en leur responce cathégorique tant contre lesd. de la Gorce, aud. nom, que Rogier et Faugieroun, que aussi sur la pension et autres droits de Loyse de Fayolles, leur mère, ordonnons que dans led. délay lesd. de Lagorce, Rogier et Faugieroun, respondront à icelles et lesd. Philipe, Susanne et Ysabeau Deluns ausd. dixième et unsiesme articles desd. responces, ensemble lesd. Jean et Ruben de Béraud, si bon leur semble, pour, ce fait, estre fait droit desd. hypothèques et conclusions des parties, ainsin qu'il apartiendra.

Et faisant droit de l'apellation interiettée pour raison de la délivrance desd. fruits des biens dont est question, faite par led. juge, disons avoir esté bien procédé par led. juge, mal apelé par lesd. apelans, sans préiudice aux apelans se pourvoir contre leurs tuteurs et autres, ainsin qu'ils verront estre à faire.

Et néantmoins, faisant droit à la requeste de lad. Phelipe, Susanne et Ysabeau Deluns, du dix septiesme novembre mil six cens sept avons permis et permetons ausd. Deluns faire plus ample saisie, si bon leur semble, tous despens réservés en fin de compte.

D'Orty, de Las, de Braun, Labarte, de Raimond, Labolvène (Signés)

En marge on lit :

Saint Raymond, douze escus payables : cinq escus sur le décret ; trois escus sur le Sr de la Serpent, 2 escus et demi par led. Deluns et le reste par les autres parties esgalement, sans préjudice de les répéter en fin de cause. Solvit led. Sr de la Serpent et la Gorce cent quatre sous.

PIÈCE JUSTIFICATIVE N° 3

Théodore de Bèze. *Histoire ecclésiastique des Eglises réformées au royaume de France* (Année 1580) T. I, p. 117 à 128. — B. N. Ld. 175-1.

Paris 1557. — Advint donc le 4 septembre qu'une assemblée de 3 à 400 personnes de toutes qualités fust assignée au commencement de la nuict pour célébrer la saincte Cène du Seigneur en une maison rue Saint-Jacques, vis-à-vis du collège de Plessis et derrière la Sorbonne. Cela estant découvert par quelques boursiers de ce collège, qui desia de longtems y faisaient le guet pour s'estre aperceus que par fois il venait là une multitude de personnes nô acoustumée, ils amassèrent le plus qu'ils purent de gens de leur faction ; envoierent advertir le guet ordinaire de la ville, et feirent de leur part les appareils de toutes choses qu'ils pensèrent estre nécessaires pour attraper ceste côpagnie. Ce néantmoins Dieu leur donna tout loisir de fare les choses sainctes pour lesquelles on s'estoit trouvé là : voire en aussi grâd repos que jamais. Car n'estâs venus ensemble pour mal faire, ils ne pensoient point à la mauvaise volonté des autres. La délibération de ces meurtriers estoient, si davanture le guet ne venait à temps pour forcer ceste maison, de faire tont, ce qui serait possible pour empescher qu'aucun n'en put sortir. Ils avaient donc là un merveilleux amas de pierres à leurs fenestres iusques à desmolir la muraille, afin de repousser ceux qui en voudroient sortir = de façon que sur le minuict, comme chacun de ce pauvre peuple délibérait de se retirer en sa maison, ils commencèrent l'exécution de ceste cruelle entreprise, et de battre la sortie d'une furie incroiable.

Ils adioustèrent à cela un grand cri pour avoir secours de toutes parts, criant pour mieux esmouvoir ce peuple, que c'estoient voleurs, brigans et coniurateurs contre le royaume, qui s'estoient là assemblés. A ce bruit les plus prochains s'esveillans dônerêt le mesme signal aux plus lointains, comme il se fait en un danger commun : tellement qu'en peu de tems tout le quartier fut en armes. Car déia depuis la prise de Saint-Quentin le peuple estoit en continuelles fraieurs et alarmes, et avait esté commandé de faire provision d'armes et de se tenir prest. Un chacun donc prend ses armes, on acourt de tous costés où le bruit s'entend : et entendant que ce n'estoient voleurs mais luthériens : (ils les appellerêt encores ainsi) entrent en une rage extrême, et ne demandent que sang, occupent les détroits des rues, allument des feux de divers lieux, afin que personne ne peust échapper dans l'obscurité de la nuict. Ce danger estant survenu si soudain et contre l'attente de tous, apporta une grande frâyeur à ceux de dedans qui pensèrent estre tous massacrés sur l'heure. Touteffois ceux qui avoient la conduite et gouvernement de l'Eglise les r'assurerêt au mieux qu'il leur fut possible, les exhortant à la patience selon le peu de loisir qu'ils avoient ; et après avoir prié Dieu par plusieurs fois furent d'advis qu'on print une résolution de ce qui estoient de faire. = Il faloit faire de deux choses l'une, ou attendre la venue des iuges, et une mort certaine en faisant une ouverte confession de sa foy, ou rompre ceste multitude furieuse qui tenait la maison assiégée. Finalement à la suasïon de ceux qui cognoissoient la couardise de la population Parisienne, on conclud de la forcer, et passer au travers, les hommes qui avoient espées, marchans les premiers, pour faire passage aux autres. Cela fut suivi par la plus part, et eschappèrent plusieurs à diverses saillies après avoir évité une infinité de périls, de sorte que c'est merveilles comme un seul peut regagner sa maison à sauveté. Car les pierres gresloient de tous côtés, les uns tenaient les rues avec piques et halebardes, les autres, qui de crainte s'estoient retirés en leurs maisons dardoiêt par leurs fenestres les piques sur les passans, et les autres amenoient les charrettes, et les mettoient en travers des rues, pour retenir la course de ceux qui sortoient. Toutefois cela n'empescha point ceux que Dieu voulut réserver, ne passassent sans dommage, afin qu'une telle délivrance fust un tesmoignage à iamais de sa puissance admirable sur ceux qu'il luy plaist garêtir, et qu'en cette sorte chascun fust appris de remettre sa vie à la côduite de la Providence d'iceluy. Un seul de toute la troupe n'aiant sa course libre entre tant d'empeschemês fut atteint d'une pierre et abbatu sur le pavé, et après à divers coups, assommé d'une facô pitoiable iusques à perdre toute forme humaine, et de là fut emporté au cloître Saint-Benoist, exposé aux outrages du monde. Après plusieurs saillies, il ne demeura plus en la maison que les femmes et jeunes enfans, et quelques hommes, qui, de fraieur, n'osèrent suivre, et encores les uns d'entr'eux se jettèrent dedans les jardains prochains, où ils furent retenus iusqu'à la venue des magistras = les autres s'estans efforcés sur le point du iour de sortir, furent arrêtés par le peuple, après avoisr esté bien batus et meurtris. Alors les femmes voiant que ce peu d'espérance qui estoient en la sauvegarde des hômes, estoit perdue voulurent se présenter aux fenestres et implorer la miséricorde de ces enragés, qui commencoient desia à faire force à la maison pour entrer dedans, et mettre tout à sac. Elles remonstrent leur innocêce et demandent que la iustice soit appellée et qiu'on procède contre elles par voies ordinaires.

Mais il n'y avoit plus de raison en ceste populace du tout furieuse. Ainsi remettans leur vie entre les mains de Dieu, elles s'appareillaient à l'occasion comme pauvres brebis, quand le Procureur du Roy au Chatelet, nommé Martine arriva, avec commissaires et force de sergens, tout à propos côme Dieu voulut pour empescher un si cruel massacre. Incontinent ouverture lui est faite et à toute sa suite, pour ce que c'estoit le magistrat ; seulement il fut requis de retenir la furie du peuple, qui estoit là frémissant et escumant de rage de ce que cette proye lui estoit arrachée. Martine s'estant mis dedans trouva les choses en tel estat qu'il pouvoit bien iuger de l'innocence de ces pauvres gens = même considérant la simplicité de tous, leur obéissance et la révérence qu'ils lui portoient, il en eut compassiô iusques à larmoier. Touteffois il ne laissa point de passer outre, et s'informa diligemment de ce qui s'estoit là fait ; il trouva qu'attendant que tous fussent assemblés, on avoit longtemps leu l'Escriture Saincte en langage vulgaire, qu'après que tous furêt assemblés, le ministre avait prié Dieu, toute la compagnie aiant les genoux en terre = et après avoir exposé l'institution de la Cène de l'unzième de la première aux Corinthiens, monstré quel en estoit l'usage et côment on s'y devoit présenter, après avoir aussi excommunié tous séditieux, désobéissans à leurs supérieurs, paillards, larrons, leur dénonçant de ne s'approcher de la saincte table, ceux qui avoient été jugés capables de ce sacrement, s'estoient présentés à la table et avoient receu le pain et le vin de la main des ministres avec ces paroles, c'est la communication du corps et du sang du Seigneur. = Q. prières s'estoient faites pour le Roy et pour la prospérité de son Royaume, pour tous pauvres affligés, et en général pour toute l'Eglise, aussi que quelques Pseaumes y avoient été chantés. Voilà le contenu de son procès-verbal, comme il se trouvera encore auiourd'hui en leurs greffes desquels nous l'avons fidèlement extroiêt.

Or, qui avoit-il là qui donnast tant soi peu à présumer, d'entreprise faite contre Dieu ou contre son prince ou contre son prochain? Toutefois ils pensèrent avoir juste cause de les retenir tous prisonniers iugeant entre autres choses illicite, de s'assembler pour prier Dieu = mesmement aussi tôst qu'ils ouïrent nommer la Cène comme si c'eust esté quelque faict exécrable, ils ne voulurent plus entendre à remontrance, ni à prière aucune qui leur fust faicte, les condânans desia à la mort. Pourtant on commande qu'ils soyent liés et menés en prison. Il estoit desia bien haute heure, et le peuple en multitude infinie s'estoit respandu tout le long de la rue, les attendant avec armes et

9

despitant Dieu et les magistrats, de quoy l'exécution n'en estoit plus tost faite = tellement que quand ces pauvres gens ainsi liés et garrottés l'un avec l'autre vindrent à passer, ils commencèrent non seulement à leur dire mille villenies et iniures, mais aussi à les battre outrageusement des fust de leurs halebardes et iavelines, ceux principalement qui estoiêt d'aage ou en robes longues. Car ils se donnoient opinion que c'estoient les prédicans. Martine voiyant cela voulut réserver les femmes en la maison iusques à ce que ce meschant peuple se fust écoulé ; mais il ne lui fust jamais possible. Car ce peuple menacoit que luy mesme en seroit le bourreau, et mettoit le feu en la maisô si on ne les mettait hors côme les autres. Bientôt fut-il forcé de les exposer à cette furie qui ne les espargna non plus que les hommes, sans aucun respect, n'y du sexe, n'y de leur estat, car (quatre ou cinq exceptées) *toutes estoient Dames et Damoiselles de grandes maisons*. Elles furent donc appellées putains, chargées de toutes sortes d'injures, outragées de coups = leurs accoutremens furent mis en pièces, leurs chapperons abbatus de dessus leurs testes, leurs cheveux arrachés et leurs visages couvers d'ordures et de fange. En tel estat là feurent conduits en prisons (après avoir été assiégés dans la maison l'espace de 6 heures) iusques au nombre de six à sept vingts.

Et combien que ce fust contre tous droits que personnes saisies et entre les mains du magistrat fussent ainsi malmenées et outragées de particuliers, si est-ce que iamais enqueste aucune n'en fut faicte. Or, s'ils furent maltraités par les rues ils ne furent pas mieux en la prison du Chastelet, en laquelle ils furêt et premièrement conduis car les brigans et violens estoient retirés des fosses et crotons les plus infects, pour y mettre ceux-ci = le manger et le boire estoient refusés à beaucoup d'entr'eux, iusques à bien logtemps, et inhibition faicte de donner entrée à personne pour les visiter. Touteffois, Dieu qui a toujours le soin des siens avoit pourveu à ce qu'ils ne demeurassêt pas sans consolation. Car pour le grâd nombre des prisonniers les geoliers aviêt esté côtrains d'ê mettre plusieurs en un mesme lieu ; tellemêt qu'il s'en trouvoit toujours quelqu'un plo fortifié que ses côpagnons qui donnoient courage aux autres. De tous côstés doncques Pseaumes se châtoiêt et retentissoit tout le Chastelet des louanges de Dieu ; suffisant témoignage d'une singulière assurâce qu'ils avoiêt en leurs cœurs de leur innocêce.

Cependant le bruit couroit partout de ceste prise, et propos divers se tenoient de çà de là, touchât ce qui s'estoit faict en assemblée et côme l'ignorâce se faist aisément à croire le pis qu'elle peut de ceux

qu'elle a en haine, la commune opiniô estoit qu'on s'estoit là assemblé
pour faire un beau bâquet, et puis paillarder pesle mesle les châdelles
éteintes. Ils adioutoiêt aussi pour mieux orner ce mêsonge, qu'il y
avait des nonains et des moines ; tôt ces bons religieux de la Papauté
se sont acquis bonne réputation de saincteté, que s'il se fait quelque
compte de paillardise et d'infamie, il faut qu'ils soiêt de la partie,
pàr la côfessiô mesmes de ceux qui les favorisent. Les curés et pré-
cheurs de leur costé êploiêt leur personne et sermons à imprimer ces
mensonges au peuple, disans mesme qu'on y tuait les petis enfans et
autres choses semblables. Desquelles Satan a voulu diffamer l'ancienne Eglise. Et ce bruit estoit non seulement entre le commun
peuple, mais entre les plus grans, iusques au Roy, auquel on tascha
de le persuader par faux rapports. On introduit donc l'un des iuges du
Chastelet, lequel osa, à l'appétit des adversaires de l'Evangile rapporter à la naïveté du Roy, qu'on avait trouvé en la salle de la maison
plusieurs paillasses sur lesquelles se commettoiêt les paillardises, et
l'appareil aussi d'un bon et somptueux banquet qui s'y devait faire =
chose qui irrita grandement le Roy, lequel entendant ces propos,
et sollicité par les ennemis d'espandre le sang, et ne souffrir dessus la
terre personnes chargées de tant de crimes, donna charge de trouver
homme propre qui eust la commission pour en faire bien tost la dépêche.
Il y avoit à Paris un nommé Musnier, homme de factiô et accou-
tumé à toutes cruautés, qui de simple solliciteur de procès, estoit
monté iusques à estre lieutenant civil. Vray que pour lors il se tenoit
caché pour une fausseté par lui commise à l'endroit de Madame la
comtesse de Sénigan en l'affaire du duc d'Ascot = iusqu'à faire prendre
un de ses gens par faux témoignage = toutefois on l'estima si propre
pour faire mourir personnes innocentes, qu'estant absous, ou, pour
le moins les procédures qui se faisaient contre luy cessantes ; et on
fut d'advis de lui donner la commissiô. Luy, se voiêt remis en crédit,
et en train d'avoir sa grâce, se délibéra de faire ce qui serait possible
pour gratifier ceux qui avoiêt esté le moyê de lui faire tôber être
les mains ceste commission. Il prend pour adjuteûrs ses semblables,
et il s'êqueste, il use de promesse à l'êdroit des uns, et de menaces
à l'êdroit des autres prisonniers, mesme s'il en voioit aucuns vaciller
en la côfession de la vraie doctrine pour eschapper à la mort, il leur
propose que s'ils ne confessêt Jésus-Christ, ils ne seront point advoués
de luy, et presse leur conscience de le confesser, par la souvenance de
ceste menace, afin qu'ayât persisté, il ait à occasion de les côdamner,
et d'espandre plus de sang ; tellement qu'en peu d'heures, il met
beaucoup de procès en estat de iuger.

Voilà comme les uns se gouvernoient de leur costé = et estoit la loie
si grande, par tous les quartiers de la ville entre les ignorans, qu'on
n'oyoit que triomphes de victoire de çà de là, comme si en un seul
iour toute la doctrine de l'Evangile eust esté opprimée. De l'autre
costé le demeurant de l'Eglise se trouvait en une merveilleuse per-
plexité pour l'emprisonnement et la détêtiô de leurs frères ; il n'y
avait que pleurs et gémissemês en leurs familles. Touteffois, ils ne
perdirêt point courage. Ceux qui avoient la conduite de l'Eglise
envoièrent en diligence aux églises de Suisse, et de là aux princes
protestans d'Allemagne, requérant leur intercession = exhortent les
uns les autres, se mettât devât les yeux la providence de Dieu, *par
laquelle ils avoient presque tous esté délivrés* de ce danger = que c'estoit
bien un assez suffisant témoignage, qu'il se vouloit encore servir
d'eux pour entretenir ceste œuvre commencée = que la persécution
n'estoit point arrivée sans qu'ils l'eussent prévue dès longtemps et
s'y fussent apprestés, comme à une chose commune à tous ceux qui
veulent servir à Dieu = et pourtant n'en devoient point estre tant
effrayés, que de quitter la vocation à laquelle Dieu les avoient appellés;
que cette affliction ne seroit point la ruine de l'Eglise, mais plustôt
l'avancement et que de cette façon Dieu avait accoustumé d'avancer
son règne, et la prédication de son Evangile = qu'ils en avoient les
promesses en la parole de Dieu, et l'expérience en tout l'estat de
l'ancienne Eglise. S'estant ainsi encouragés, et aiant remis leurs vies
entre les mains de Dieu, premièrement ils mettent ordre que les prières
extraordinaires se fassent par toutes les familles fidèles et qu'un
chacun s'humilie devât Dieu. Secôdement, q̃ ces faux bruits qui
couroient de leurs saintes assemblées, au déshonneur de Dieu soiêt
rabbatus par défêses et apologies = et finalement que les prisonniers
aient lettres de consolation le plus souvent qu'il serait possible. Ils
font dôcques une remontrance bien lôgue au Roy et la font secrète-
ment tomber en sa chambre, et venir entre ses mains par laquelle
ils taschent d'adoucir son cœur, impétrer audience à leur cause, et
oster ceste mauvaise opiniô d'eux, qu'on luy avait imprimée mali-
cieusement. Ils remonstrent que c'estoit à tort qu'on les chargeoit
de choses si énormes envers Sa Maiesté = que c'estoyent calomnies
qui n'estoient pas nées de ce temps, mais dès le commencement
avoient été imposées à l'Eglise de Nostre Seigneur Jésus-Christ
par lesquelles Satan avoit tasché de bander les yeux aux Roys et
aux Princes, et les eschauffer à l'encontre de l'innocence des chrestiens;
et maintenant ne luy estoient rapportées par d'autres, que par ceux

qui désirent opprimer la vraye Religion pour retenir les richesses qu'ils ont usurpées dessus l'Eglise = qu'il devoit mettre ordre avant toutes choses, que bonne enqueste en fust faite, et ne croire point de légier mesme en une cause de si grande importance. Car, s'il suffisoit d'accuser, qui serait innocent? S'il luy plaisait s'informer de la vérité, il trouverait qu'autre chose n'avoit amassé ces pauvres gens ensemble, que le désir de prier Dieu, et pour luy et pour la conservation de son Royaume = que leur doctrine ne tend point à sédition, n'y à la ruine des principautés, comme on les charge. Car l'expérience luy avoit bien monstré le contraire = que ce n'estoit point par faute de nombre que sédition ne s'estoit esmeue, mais parce que la parole de Dieu (qui seule est la règle) leur enseigne de ne point attenter ces choses, ains de rendre tout devoir d'obéissance aux seigneuries establies de luy = q̃ tout ce qu'ils demandêt est seulement, que Jésus-Christ soit recognu le seul Sauveur du monde ; que s'il plaist à Sa Maiesté d'entrer en cognoissance de cause, il pourra faire venir des prisonniers en sa présence, et les mettre en dispute avec les Sorbonistes : en quoy faisât, il cognoistrait que la vérité est de leur costé. Pour côclusiôn le requièrêt instamment qu'il ne souffrît point que la cause des gens de bien, soit ainsi condamnée sans avoir audience aucune, veu q̃ ceste chose n'estoit point refusée aux voleurs et brigâs. Ces letres furêt leues en la présence du Roy, et de tous ceux qui se trouvèrent en sa châbre ; mais elles ne servirent de rien, car les adversaires les eurent incontinent accusées de faussetés = et cependât personne ne s'osoit présenter pour répliquer et maintenir le contraire. Il y eut une autre Apologie ou défense et imprimée pour servir en commun envers tout le peuple, et luy faire aussi entendre la vérité des choses susdites. Ceste défense estoit brieave et tellement dressée, que les Docteurs de l'ancienne Eglise y estoient introduis eux-mesmes défendât ceste cause, qui leur avoit esté cômune avec ceux qu'on appelle maintenant hérétiques.

Ce petit livret qui est inséré mot à mot au livre des martyrs, fust d'un fruict inestimable, et osta à beaucoup de gens la mauvaise opinion qu'ils avaient des assemblées et incita mesme à plusieurs à faire plus de diligentes enquestes de cette doctrine. Aucuns docteurs de la Sorbône s'efforcèrent d'y faire response, mais ils ne feirêt en cela que descouvrir leur ignorâce. L'un nômé de Mouchi, et en latin Demochares, docteur et Inquisiteur, se fondant sur une résolution Doctorale que nous sommes hérétiques, sâs en faire aucune preuve, emploi · tout son livre à discourir sur la punition des hérétiques = et monstre qu'ils doivent estre brusléz, et la dessus, crie au feu, et aux glaives = l'autre encore plus sanguinaire que son compagnon, amasse toutes les choses énormes qu'on peut imaginer et les charges sur ceux de la Religiô, ne disant pas seulement qu'en ces assemblées on paillarde, les châdelles éteintes mais qu'ils maintienêt qu'il n'y a point de Dieu = nient la Divinité et humanité de Christ, l'immortalité de l'âme, la resurrectiô de la chair = brief tous les articles de la vraie Religion = et les charge ainsi sans en faire aucune preuve non plusque l'autre = puis il exhorte les Roys et Princes de les mettre en pièces; s'adresse au peuple, il l'incite à tuer et meurtrir, sans attendre les procédures acoutumées en iustice, et tasche de rêplir toute la terre de meurtres et saccagemens. Le troisiesme nommé Cenalis evesque d'Avranche, débat une mesme chose, mais avec moins de véchémance ꝗ. les autres = mainctient touteffois esfrontemêt qu'ils ne s'assemblent que pour paillarder = et se complaint grandement de quoi les iuges ne sont point plus sévères, côme si iusques à présent il n'avaient point monstré assez de cruauté = que cela est la cause que ce nôbre croist de telle façon. Entre les autres poincts de son livre, il y a une dispute merveilleusement plaisante, touschant les signes et marques de la vraye Eglise. Car il présuppose une chose, qui est vraye, que la vraye Eglise a des signes par lesquels, elle est discernée d'avec la fausse, et là dessus sans rien toucher de la prédication de l'Evangile, et administration des sacremens, il dit que leur Eglise a les cloches pour signes, par lesquelles elle est ordinairement assemblée = et la fausse Eglise, dit-il, a des coups d'arquebuse et pistoles pour signes, par lesquels il dit qu'ô s'estoit assemblé, comme le bruit aussi estoit entr'eux, Cela présupposé, il s'egaye et triomphe, comme d'une victoire gagnée et fait une lôgue antithèse, par laquelle il veut prouver ꝗ. les cloches sont des signes de la vraye Eglise; les cloches, dit-il, sonnêt, les arquebuses tonnêt; celles là ont un doux son et mélodieux, celles-ci un son espouventable = celles là ouvrent les cieux = celles ci ouvrent les enfers = celles là chassent les nues et les tonnerres = celles-ci assemblêt les nues et côtrefont les tonnerres, et beaucoup d'autres propriétés qu'il amasse ensemble, pour côclure que l'Eglise Romaine est la vraye Eglise, pour ce qu'elle a des cloches. Voilà les arguments par lesquels ceux de la Religion furent combatus par nos maîtres = et la repponse qu'ils faisoiêt à l'Apologie imprimée pour la défense des prisonniers; quant à donner courage et consolation à ces pauvres gens tourmentés des infections et peines des prisons, effrayés de côtinuelles menaces de mort, et assaillis d'interrogatoires ordinaires, ceux qui estoient en liberté ne laissaiêt passer aucune cômodité qui se presentast en ceste garde si estroite, de leur faire tenir lettres de iour à autre ; mesmes les Eglises lointaines se ressentant de ceste aflictiô advenue à leurs frères, firent aussi devoir de les secourir en cela par beaucoup de lettres, dôt la teneur est au livre des Martyrs.

Or, ce pendant que ceux de la religion pourvoyaiêt à ces choses, les adversaires de leur costé, taschoient en toutes sortes de hastes l'exécution de ces pauvres gens. Le Lieutenant civil, qui en avoit receu commission verbale par le Cardinal Bertrâde, garde des sceaux ne, laissait rien derrière pour l'avancer = le peuple aussi l'attendoit d'une affection grande = et s'assembloit souvent en multitude infinie par les places ordonnées à faire les exécutions, pour rassasier sa veue d'un spectacle tant désiré. Finalement le dix septiesme de septembre, le Roy adverti que les procès estoient en estat de iuger, envoie commission à la cour, pour en haster l'exécution, et commâder d'y procéder extraordinairement, (et toutes autres affaires postposées) et ce, au rapport de ce Lieutenant cruel, lequel il vouloit estre admis à leur conseil encores que par l'establissement de la cour, aucun ne soit receu à entrer, opiner ni rapporter qui ne soit du corps d'icelle. Il députa aussi ceus qu'il vouloit estre commissaires enceste cause à savoir deux Président et seize conseillers mesmes ou douze d'eux, selon que la Cour verrait estre bon, tous gens d'eslite. Ceste commission estât apportée le Parlement ne peut accorder que le Lieutenant fust receu à la décision des Procès, pour ce que cela dérogeait par trop aux coustumes de Parlement = et aussi qu'il estoit en action de fausseté au fait de la comtesse de Senigan. Pourtât Louys Gayât et Baptiste du Mesmil advocat du Roy furent envoyés devers luy pour luy en faire remôtrance, sur laquelle le Roy accorda que les Procès seroiêt iugés non au rapport du Lieutenant civil, mais à l'un des conseillers nommés. Ainsi furent les Lettres Patentes enregistrées au greffe criminel de la Cour, et selô icelle fut procédé aux jugemens des Procès. Les premiers amenés devant eux furent Nicolas Clinet Taurin Gravelle Damoiselle *Phelippe De Luns* vefve du seigneur de Graveron et tous trois condamnés à mort. *Nicolas Clinet* estoit natif de Xaintonge là où aiant tenu les escoles il fut chassé du Pays et bruslé en effigie = S'estant retiré à Paris, il fait office de pédagogue et peu après fut receu en l'Eglise, et par sa doctrine et sa saincte côversation mis en la charge de surveillant. On appelle surveillans ou anciens ès Eglises Réformées ceux qui sont adjoint aux Ministres de la parole de Dieu,

pour veiller sur les scandales, mettre ordre que chacun vive saintement
et sans offense de personne, et servir de conseil aux affaires de l'Eglise,
et faire que le peuple oye la parole de Dieu. En ceste charge il se
porta toujours fidèlement. Son âage qui estoit de soixante ans ou
environ, donna soupcon aux iuges qu'il estoit ministre, et pourtant
ils le voulurent mettre en lice contre les plus braves Docteurs, pensant
le côveincre, et aussi trîopher de la doctrine de l'Evangile ; mais ce
fut en vain, comme en sa mort il en a rendu témoignage.

Taurin Gravelle, natif de Dreux, ville au diocèse de Chartres,
après avoir fait ses études en droit en la ville de Tholose, fut receu
advocat en la cour du Parlement de Paris = là il eut la cognoissance
de Dieu, et après s'estant ioint à l'Eglise pour sa boune côversation
fut aussi commis en la charge de surveillât. Voiât qu'on ne trouvait
pas aisément logis à recevoir le peuple, il offrit volontairement celui
de M. Bertonnier son allié, lequel logis il avait en garde et qui fut le
lieu où la côpagnie fut surprise. C'estoit à lui que les adversaires
en vouloient le plus ; et de son costé, il eut une côstance invincible
pour soutenir la vérité contre tous venans = mesmes à l'encontre
de Maillard docteur de Sorbône, lequel ledit Gravelle autresfois
avoit cogneu, voire hanté familièrement sachant le train qu'il menoit
en sa maison avec ses ieunes garçons et serviteurs. Tellement que si
Maillard avait la bouche ouverte pour blasphémer côtre les sainctes
assêblées, il luy estoit incôtinêt fermée par les reproches de ses
déportemens infâmes, car il ne les pouvait nier devant celuy qui en
avoit assez de preuve ; et puis la chose estoit notoire mesmes aux
petis enfâs.

Damoiselle Phelippe de Luns estoit native de Gase en la paroisse
de Luns, diocèse de Périgueux, aagée de vingt-trois ans ou envirô.
Elle estoit venue de Gascogne à Paris avec son mari pour se joindre
à l'Eglise de Dieu, se môstrât si admirable en saincteté de vie, qu'elle
estoit exemple à un chacun, estant sa maison touiours ouverte à
l'assemblée du Seigneur. Sous le mois de may, son mari, seigneur de
Graveron qui estoit aussi surveillât, fut emporté d'une fièvre.
Estânt demeurée vefve, elle ne délaissa pas de côtinuer de servir Dieu
si biê qu'elle fut prise en ceste assemblée avec les autres. Elle eut de
durs assaus en la prisô et par les iuges et par les Sorboñistes, mais
elle demeura victorieuse. Elle eut aussi des amis en cour qui pour-
chassèrent de luy sauver la vie, encore qu'elle persistât ; mais Bertrandi, garde des seaux qui avoit halené sa côfiscation, fut cause
principalemêt qu'on passa outre.

Ainsi donc le XXVII septembre, par arrest des commissaires délégués au rapport de procès, informés par le lieutenant civil, ces trois martyrs furent condamnés, et après avoir receu la question, menés à la chapelle, attendant l'heure bien heureuse de leur mort. Là, les docteurs, selon leur coustume, arrivèrent pour les tourmenter = mais ils furent repoussés vaillamment de sorte que n'estans aucunement détournés de leur constance ; ils furent tirés de la prison et mis chacun en son tombereau, pour estre traisnés au lieu du supplice. Clinet crioit touiours à ceux qui le pressoiêt de châger de propos, qu'il n'avait dit ne maintenu que la vérité de Dieu ; et à un docteur qui luy demandoit s'il ne vouloit pas croire saint Augustin touchât quelque propos respondit qu'ouy et qu'il ne disait rien qu'il ne peust prouvé par son authorité.

La Damoiselle voyant un prestre approcher pour la vouloir confesser dit qu'elle se confessait à Dieu et s'asseurait de recevoir pardon, estant celui seul qui la pouvait absoudre.

Elle fut sollicitée par quelques conseillers de la Cour de prendre une croix de bois en ses mains, selon la coustume des autres qu'on mène au supplice, luy allégans, que Dieu commâdait à chacun de porter sa croix = la réponse fut : Messieurs vous me faites bien porter ma croix, m'aiant iniustement condamnée, et m'envoiant à la mort pour la querelle de Notre-Seigneur Jésus-Christ, lequel n'entendit oncques parler de cette croix que vous dites.

Gravelle avait une face riante et une bonne couleur déclarant qu'il n'estoit aucunement fasché de la côdamnation. Quelqu'un de ses amis luy demâdat à quelle mort il estoit condamné. Je say lui dit-il, que ie suis condamné à la mort ; mais je n'ay point print garde à la façon de la mort, sachant bien que Dieu m'assistera tousiours en quelques tourmens que ie sois mis.

Au sortir de la chapelle, il dit ces paroles : Seigneur, mon Dieu, qu'il te plaise m'assister. Adverti que la cour entendait qu'ils eussent la langue coupée s'ils ne se vouloient convertir, il dit cela n'estoit point porté par son arrest—et en faisoit difficulté. Mais après avoir entendu qu'il estoit contenu au Retentium de la Cour, il bailla la siêne frâchement au bourreau pour estre couppée et incontinêt dict ces mots intelligiblement, ie vous prie, priés Dieu pour moy.

La Damoiselle estant requise de bailler sa lâgue le fait allègrement, disant ces paroles : Puis que ie ne plains mon corps plaindray-je ma langue ? Non ! nô. Tous trois estant ainsi acoustrés partirent du Palais. La côstance de Gravelle estoit merveilleuse, et les soupirs qu'il jettait sans cesse, la veue tournée devers leciel, môstroit bien l'ardeur de son affection en priant Dieu.

Clinet avait aussi tousiours la veue en haut : mais semblait plus triste que les autres, pour ce qu'il estoit abbatu de vieillesse, et de sa nature il estoit blesme et deffait. La Damoiselle semblait encore les surmonter en constance, car elle n'estoit aucunement changée de visage ; mais assise dessus le tôbereau monstroit une face vermeille et d'une excellente beauté. Estant arrivés à la place Maubert, lieu de leur mort, avec ceste constance, ils furent ars et bruslés : Clinet et Gravelle vifs : la Damoiselle estrâglée après avoir esté flamboyée aux pieds et au visage...

PIÈCE JUSTIFICATIVE N° 4
Bibliothèque de Bordeaux 411B. N° 62

Lettre adressée à l'Evêque d'Agen, François Hébert par quatre habitants de Sainte-Foy, pour réclamer leurs filles enfermées dans le couvent des Filles de la Foy.

MONSEIGNEUR,

Nous prenons la Liberté de vous adresser nostre Requeste pour vous suplyer très humblement d'avoir la bonté de nous faire rendre nos six filles qui ont esté mises depuis peu de jours dans la communauté des Filles de la Foy de cette ville par ordre de Monsieur Lintendant Et sur les mémoires faux et supposés de Mad. de Longuadou Et qui d'ailleurs sont contre toute justice, puis que nous ny nos filles n'avons point méritté une semblable pesne. Nous espérons cette bonté de Vostre Grandeur et que mesme elle nous excuzeras de ce que nous n'avons pas fait Le voyage d'Agen pour vous demander très humblement cette grâce ; auquun de nous ne sestant trouvé En estat pour cella nous sommes avec un profond respect,

Monseigneur,
Vos très humbles et
très hobéissans servitteurs

MESTRE. — CELLERIER. — J FOURTHON. —
ESTIENNE MESTRE.

A Sainte-Foy le 28°
Mars 1705.

PIÈCES JUSTIFICATIVES N° 5

Pierre de Luns, écuyer, porte d'azur à une croix d'argent cantonnée de quatre Lions de même

B. N. M. Armorial général, 13e *vol. Guyenne Fr.* 32206, *p.* 364, *et Armorial général Blasons coloriés*, 13° *vol Fr.* 32240, *p.* 406. (voir aux pièces justificatives N° 5).

Simon de Luns, écuyer, porte d'azur à une Croix d'argent cantonnée de quatre Lions d'Or.

B. N. M. Armorial Général 13e *vol. Guyenne Fr.* 32206, *p.* 622, *et Armorial général*, 13e *vol. Blasons coloriés*, *p.* 763. (voir aux pièces justificatives N° 5).

PIÈCE JUSTIFICATIVE N° 6

Registre des délibérations du conseil municipal de la commune d'Allemans-du-Dropt. 6 mars 1831.

Etat des services successifs de M. MESTRE PIERRE, capitaine au 5ᵉ de Ligne, né à Duras, le 1ᵉʳ juin 1786.

Services

Pupille de la Garde impériale le 8 septembre 1806.

Sous-lieutenant, le 16 août 1811.

Lieutenant au 122ᵉ de ligne, 24 juillet 1813.

Capitaine au même régiment, 2 décembre 1813, passé avec son grade au 8ᵉ de ligne 21 juillet 1814. Passé au 5ᵉ pour son grade par suite d'organisation le 15 février 1815.

A fait les campagnes des années 1806 et 1807.

En Prusse et en Pologne 1808. — En Espagne, 1809. — En Allemagne, 1811-1812; et 1813, en Espagne; 1814, en France ; —

Blessé à la jambe droite d'un éclat d'obus le 8 février 1807 à Eylau.

Certificat délivré à Poitiers le 21 août 1815.

PIÈCES JUSTIFICATIVES Nº 7

Fac-simile de la signature de MATHIAS MESTRE, *député du Tiers aux Etats généraux pour la sénéchaussée de Libourne.*

Documents relatifs à la Convocation des Etats généraux B. N. Casier N. Nº 186.

SOURCES MANUSCRITES

Archives départementales de la Gironde. E. S. 5688 GG. 69ᵗᵉʳ 5271 GG. 3 — 4994. bb. 8 — 5216 E. S. GG. 53 : — 5176 GG. 13 ! — 5185 GG. 22 : — 5180 GG 17.

Dᵒ Lettre C. 2987. — 2937 Nᵒ 29, p. 3. 6 et 10 du 1ᵉʳ rôle ; 2ᵉ role p. 2, 4, etc. — 4189 Terriers, 2ᵉ vol. Nᵒ 527 — 2964 — 2715 — 2912 — 2759 — 2937 nᵒ 29.

E. S. 4991 BB. 8 — 4999 BB. 13 — 5000 BB. 15.

Archives départementales du Lot-et-Garonne.

B. 622. 647 — 770 — 848.

Archives municipales de Sainte-Foi-la-Grande.

GG. 5 p. 1 — GG. 10 — GG. 11 — GG. 16 — GG. 67 — GG. 68 — GG. 69ᵗᵉʳ.

BB. 8.

Archives municipales d'Allemans-du-Dropt.

Procès verbaux de 1831 et 1840, 1848, 1849, 1852.

Archives privées de Mʳ le Carier, propʳᵉ à Ligneux.

Armorial Général, 13ᵉ vol. Guyenne, p. 364 et 622 (B.N. M. F. R.) 32206.

Armorial Général des Blasons Coloriés, p. 406 et 763. — B. N. M. F. R. 32240.

Bibliothèque de Bordeaux, section des manuscrits, 411 B.

Bibliothèque nationale, section des manuscrits, Nᵒˢ 23827 — 14607 — 18344.

Biraben, notaire à Soumensac, partage du 23 mai 1823.

Bompart (Etude de Mᵉ) notaire à Allemans-du-Dropt. Vente Mestre de 1824.

Peyré (Etude de Mᵉ) notaire à Sainte-Foy, procuration de Luns de 1742.

Etat Civil Allemans du Dropt.

Caplong	Monségur
Duras	Sainte-Foy-la-Grande
Eymet	Saviguac-de-Duras
Mas d'Agenais	Thénac.

SOURCES IMPRIMÉES

Agripa, Histoire universelle, B. N. Casier, O. N. 220.

Almanach Royal, 1791, B. N. Casier O, N° 475.

— *Archives parlementaires*, T. I, p. 686 et 691. B. N. Casier R. N° 118.

— *Bibliothèque* de la Chambre des Députés, p. 472 du Catalogue N° 437 — 472 B° 90 p. 384 N° 751 (270).

— *Bibliothèque* Mazarine, N° 2983 — (1436 D.).

— *Bibliothèque* Nationale, dépôt des Cartes, C. 18556 gg.
> *Cartes* du ministère de l'Intérieur et du ministère de la guerre des départements de Lot-et-Garonne, Dordogne, Saône-et-Loire, Nièvre, Gironde.

— *Bibliothèque* Sainte-Geneviève, 425-455 in-fol. 17. 721 T. XIII. N° 436.

— *Brillon Jacques*, Dictionnaire des Arrêts des Parlements de France, T. II, p. 529, N° 20 — 5 T. in-fol. Paris. Au Palais, chez Guillaume Cavelier fils, rue Saint-Jacques, au Lys d'Or, 1727, avec privilé. du Roy.

— *Despeisses* (œuvres d'Antoine) T. I, p. 747 et suiv., 3 vol. in-fol. à Lyon, chez les frères Bruysset, rue Mercière. Au Soleil et à la Croix d'or — 1750, avec privilège du Roy.

Dictionnaire des Parlementaires, T. IV, B. N. Casier, R. N° 118.

Haag, La France Protestante, B. N. Casier, R. N° 106.

Documents relatifs à la Convocation des Etats Généraux, B N. Casier, N° 186.

Durengues (abbé). Pouillé hist. du diocèse d'Agen, B. N. — L. K. 3 1321.

Expilly (Dictionnaire Géographique B. N. Casier, N° 55.

— *Histoire des Martyrs* persécutés et mis à mort pour la vérité de l'Evangile, in-fol. de 760 feuilles, 1597. — B. N. — H. 1893.

— *Larousse*. — (Grand Dictionnaire) T. IV, p. 1128, 2e col.

— *Mondenard*. Les Cahiers des Etats Généraux de 1789, p. 385, n° 6, des pièces justificatives. B. N. — L° 24-383° p. 349.

— *Montaigne* (Essais de) Paris, Garnier frères 1866 T. IV. p. 157. B. N.-Z. 28206.

— *Tissot*, Révolution française. B. N. L.32 à 194.

TABLE DES MATIÈRES

IMP, DE L'EST, - BESANÇON